플라톤,
이상 국가를 말하다

플라톤,
이상 국가를 말하다

초판 1쇄 인쇄 | 2024년 10월 23일
초판 1쇄 발행 | 2024년 11월 1일

지은이 이성주
그린이 신병근
책임편집 손성실
편집 조성우
디자인 권월화
펴낸곳 생각비행
등록일 2010년 3월 29일 | 등록번호 제2010-000092호
주소 서울시 마포구 월드컵북로 132, 402호
전화 02) 3141-0485
팩스 02) 3141-0486
이메일 ideas0419@hanmail.net
블로그 ideas0419.com

책값은 뒤표지에 있습니다.
잘못된 책은 바꾸어 드립니다.

표지 이미지 요소 Freepik

고전으로 만나는
진짜 세상 1

올바르게 행동하면 잘살 수 있어요?

플라톤, 이상 국가를 말하다

플라톤, 《국가》

이성주 지음 — 신병근 그림

생각비행

"사람이 사는 방법을 어렵게 쓴 말"

위 제목은 가수 고(故) 신해철이 '아이돌'이던 시절, 한 연예 주간지 기자의 질문에 대답한 말이다. 질문이 뭔지는 미루어 짐작할 수 있을 것이다. 당시 고등학교 1학년이었던 나는 연예 주간지의 한 귀퉁이가 닳아 없어질 정도로 이 기사를 보고 또 봤다.

10여 년 뒤 신해철은 한국 철학사에 길이 남을 명곡을 하나 발표한다. 밴드 크래쉬(CRASH)의 5집 수록곡인 〈니가 진짜로 원하는 게 뭐야〉다. 가사는 아래와 같다.

사는 대로 사네 가는 대로 사네 그냥 되는 대로 사네
사는 대로 사네 가는 대로 사네 그냥 되는 대로 사네
(중략)

니가 진짜로 원하는 게 뭐야 니가 진짜로 원하는 게 뭐야

니가 진짜로 원하는 게 뭐야 니가 진짜로 원하는 게 뭐야

니가 진짜로 원하는 게 뭐야 니가 진짜로 원하는 게 뭐야

(중략)

그 나이를 먹었도록 그걸 하나 몰라

그 나이를 먹었도록 그걸 하나 몰라

그 나이를 먹었도록 그걸 하나 몰라

(중략)

이거 아니면 죽음 정말 이거 아니면 끝장 진짜

내 전부를 걸어보고 싶은 그런 니가 진짜로 원하는 게 뭐야

(하략)

내 지인 한 명은 대학교 1학년 때 이 노래를 들으며 일주일간 방 밖을 나가지 않았다고 한다. 자신이 진짜 원하는 게 뭔지, 인생을 어떻게 살아야 하는지를 고민한 것이다. 결과는 약간 실망스러운데, 당장 인생의 행로를 결정하지도, 자

신이 진짜 원하는 게 뭔지 알아내지도 못했다. 그렇다고 그 고민의 시간이 낭비였다는 말은 아니다. 그녀는 자신의 인생이 온전히 자기 것이고, 인생에서 주인공이 되기 위해서는 스스로 결정을 내리고, 그 결과를(좋은 것이든, 나쁜 것이든) 오로지 자신이 감내해야 한다는 데 도달했다.

27여 년이 흐른 지금 그녀는 이렇게 말한다.

"옛날로 돌아가도 별로 달라질 건 없어. 그때로 돌아가도 비슷한 결정을 할 것 같아."

가끔 옛날로 돌아가면 이렇게 했을 텐데 하고 하소연하는 내게 그녀는 당당히 자신의 의견을 말한다. 분명 후회하고 아파하겠지만, 그때로 돌아가도 비슷한 결정을 내릴 거라고. 그 선택의 과정에서 남에게 기대지 않고, 타인의 눈치를 보지 않고 오롯이 자신의 생각으로 결정했기에 그 결과를 고스란히 받아들인다는 의미다.

여는 말

현재 그녀의 인생이 좋다고는 말하지 못한다. 그녀의 삶은 타인에 비해 질곡이 깊고, 아픔도 많다. 그럼에도 그녀는 잘 살고 있다고 말할 수 있다. 온전한 자기 인생을 살기 때문이다. 세상을 둘러보면, 자기 인생을 남의 인생처럼 사는 사람들로 넘쳐난다. 남이 차를 사니 따라서 차를 사고, 남이 해외여행을 가니 따라서 간다. 남의 눈치를 보고, 남이 하는 걸 그대로 할 뿐이다. 세상이 말하는 규칙, 세상이 규정한 기준에 자신을 욱여넣고는 자신의 판단이 아니라 타인의 판단에 맞춰 인생을 살아간다.

분명히 말하지만, 이런 인생은 언젠가 탈이 난다. 어느 순간 왜 사는지, 지금 사는 방식이 옳은지 고민하게 된다. '공허함'이라는 말로 설명하기도 하지만, 이런 감정의 핵심에는 생각의 부재(不在)가 도사리고 있다. 내 인생인데 남의 인생처럼 산 대가라고나 할까?

어디서부터 잘못된 걸까? 난 이 잘못의 시작점을 교육에서 찾는다.

"왜?"

질문 자체를 원천적으로 차단한 교육방식. 언제나 '정답'과 '효율'을 따지고, 타인의 눈치를 보며 살아가야 하는 사회 분위기가 자기 인생을 남의 인생처럼 살게 만드는 원인이다.

사회는 인문학의 위기를 논하고, 대학에서는 너 나 할 것 없이 철학의 고전을 선정해 청소년이 읽어야 할 책이라며 분위기를 띄운다. 인생을 공부하고, 삶이 방법을 고민하게 하는 이 책들을 우리나라는 '암기과목'으로 만들어 버리는 기적을 보여 준다.

플라톤의 '이데아'가 말하는 철학적 본질은 온데간데없고, '이데아'란 단어만을 달달 외우고 있는 우리를 볼 수 있다. 이러니 가뜩이나 어려운 철학이 더 어려워질 수밖에 없지 않겠는가?

한국에서는 차라리 철학 공부를 하지 않는 편이 나을지도 모른다는 생각이 들 법도 하지만 우리 인생에서 철학은 최

소한 한 번 이상 마주할 수밖에 없다.

아직 경험해 보지 못했을 수도 있지만, 사람은 살면서 한 번 이상 벽과 마주하게 된다. 절망과 좌절, 실패 혹은 패배의 수렁 속에서 자신을 뒤돌아보게 되는 때가 반드시 온다. 아무런 의심 없이 바라보던 세계가 무너지는 순간, 인간은 답을 찾기 위해 '왜 사는가?'라는 근본적인 질문을 던지게 되고, 그 답이 담겨 있는 철학책을 찾게 된다.

쉽게 말하면, 고통 앞에서 인간은 철학이란 답을 모색하게 된다는 의미다. 20여 년 전에는 내게도 지난한 고통과 좌절의 시간이 있었다. 내가 믿었던 세계가 붕괴하고 나서, 그동안 내가 옳다고 여기던 것들이 스스로에게 최면을 걸었다는 걸 깨달았다.

너무도 자연스럽게 책장에 꽂혀 있는 철학책을 뽑아 들었다.

다시 말하지만, 인간은 살아가는 동안 최소한 한 번 이상 철학과 마주한다. 안타까운 건 우리가 실패하기 전, 좌절하

기 전에 철학을 접할 수는 없을까 하는 대목이다. 이 시리즈
는 이런 생각이 모여서 시작됐다.

고통 속에서 삶의 해답을 찾기 위해 발버둥 치는 것도 하
나의 방법이긴 하겠으나, 그 이전에 이 세상을 어떻게 바라
볼 것인지 미리 생각을 가다듬는다면, 삶은 좀 더 풍요로워
지지 않을까?

한 살이라도 어릴 때, 조금이라도 젊을 때 인생에 대해 고
민해 보고, 어떻게 사는 것이 잘 사는 삶인지에 대해 생각해
본다면 그 삶의 질은 달라질 것이다. 그 고민의 결과가 '한
국적인 성공'으로 이어지지 않을 수도 있다. 그러나 남의 인
생이 아니라 자기 인생을 사는 사람들이라면 공허함이나 두
려움에 휩싸이는 삶의 결정적인 순간에 대개 올바른 결정을
한다(그 올바름이란 사후적 평가가 아니라 후회하지 않을 결정을 의
미한다).

철학은 이런 삶을 살아가는 기준이다.

삶의 기준에 대한 이야기이기에 이 책은 입시나 학교 시

험을 보는 데 유용한 책은 아닐 것이다. 그러나 누구나 만나는 인생의 시험 앞에서는 하나의 지침이 돼 줄지도 모른다. 나는 여러분이 이 시리즈를 통해 알게 되는 진짜 '철학책'을 찾아 삶의 기준을 스스로 찾기를 바란다.

끝으로 이 시리즈가 출발할 수 있도록 단초를 제공한 강심호 씨에게 감사의 인사를 전한다. 아울러 한동안 좌초되어 헤매던 자료를 건져 내어 책으로 묶어 준 생각비행 출판사 편집부에도 고마움을 전한다. 이 책이 나오기까지 자칫 딱딱할 수 있는 내용을 생기 있는 그림과 디자인으로 보완해 준 디자이너의 공이 컸다. 금방 지치고 나태해지는 못난 성격이지만, 이 시리즈는 힘을 다해 마무리 짓겠다고 이 자리에서 약속한다.

— 대전에서

펜더

안녕? 난 '펜더'라는 별명이 익숙해. 다양한 매체에 글을 기고하고 강의도 하면서 즐겁게 살고 있어. 자유롭게 상상하기를 좋아하고 무엇보다 예술을 사랑하지. 덩치에 어울리지 않게 수줍음이 많은 편이야. 사람들과 대화하기를 좋아하지만, 뭐든 설명하려고 하는 버릇이 있어 가끔 눈총을 받기도 해. 여러분에게는 꼭 필요한 얘기만 할 테니 잘 들어 줘!

한아름

난 14살 중학생 한아름이라고 해. 호기심이 많아 뭐든 물어보기를 좋아하지. 책 읽기와 영화 보기가 주된 취미야. 하지만 친구들과 분식집에서 떡볶이 먹으며 수다 떠는 걸 더 좋아해. 장래에 뉴스를 진행하는 아나운서가 되는 게 꿈이야. 만나서 반가워!

장필독

한아름과 동갑내기 친구 장필독이야. 운동을 좋아하고 힙합을 특히 좋아하지. 학원 빼먹고 랩을 연습하다가 엄마한테 야단맞을 때도 가끔 있어. 하지만 스포츠 캐스터라는 어엿한 꿈이 있다고! 나중에 너희에게도 멋지게 경기 중계하는 모습을 보여 줄게.

나는 고대 그리스 철학자로 아테네에서 태어났어. 내 처는 악녀로 유명한 크산티페야. 사람들은 나더러 못생기고 배불뚝이에 거지 같다고 놀리지만 나는 별로 신경 쓰지 않아. 내면의 모습이 더 중요하기 때문이지. 소피스트들처럼 철학으로 사람들을 현혹해 쉽게 돈을 벌 수도 있었지만, 난 사람들과 대화하며 그들 스스로 문제에 대한 답을 찾게 해 주는 삶에서 행복을 느껴. 말년에 아테네의 정치 문제에 휘말려 목숨을 잃는 상황에서도 난 당당하게 죽음을 받아들였어. 억울한 죽음이라고 생각할 수도 있겠지만, 내 제자인 플라톤과 그의 제자인 아리스토텔레스 덕분에 난 사후에 더욱 유명해졌단다.

소크라테스

나는 좋은 집안에서 태어나 뭐든 할 수 있었어. 그런데 소크라테스 선생님을 만나 인생의 참된 의미를 찾았지. 사람들은 서양철학이 나로부터 시작됐다고 칭찬하지만 사실 나는 선생님의 가르침을 오롯이 실천했을 뿐이야. 여러분이 살고 있는 대한민국도 이런저런 문제가 많겠지만, 내가 사는 시대 또한 좋은 나라를 만들기 위해서는 고민이 필요했어. 존재론, 인식론, 정치철학, 윤리학 등 다방면의 고민을 담아 《국가》를 쓴 이유가 여기에 있어. 궁극적인 삶을 고민하고 행복한 삶을 누리기 위해 필수적인 사회와 공동체, 그리고 국가에 대한 고민을 담아냈지. 이 책을 읽으면 내가 무슨 생각을 했는지 알 수 있을 거야.

플라톤

2장
플라톤의 《국가》

1장
그리스와 플라톤

플라톤이 살았던 고대 그리스

고대 그리스 하면 가장 먼저 떠오르는 것이 뭘까? 아마도 그리스 신화가 아닐까? 제우스, 포세이돈, 헤라, 아폴론 등등 우리에게 익숙한 이름이 참 많지? 자주 등장하는 올림포스 12신만 해도 나열하기 벅찬데 가끔 등장하는 조연급 신까지 더하면 수십이 넘는단다. 발에 차일 정도로 신이 많다 보니 그리스 사람들은 신을 자기네 도시의 마스코트로 삼는 경우가 많았어.

"야, 우리도 마스코트 하나 만들까?"
"마스코트?"
"우리 도시의 이미지를 홍보하는 거야!"
"뭐, 홍보대사라도 뽑자는 말이야?"
"홍보대사를 왜 뽑아? 널린 게 신인데."

그리스인들은 자신들의 특산품인 '신'을 도시의 수호신으로 쓰기 시작했어. 그중 유명한 도시가 아테네와 스파르타지. 아테네는 올림포스 12신 중 지혜와 전쟁(수비를 담당), 공

그리스와 플라톤

예의 여신인 아테나를 수호신으로 삼은 도시야. 그럼 스파
르타는? 자신들을 '헤라클레스의 후손'이라고 했으니 말 다
했지. 느낌 오지? 아테네가 '머리'를 쓰는 애들이라면, 스파

올림포스 12신

그리스 로마 신화에서 올림포스 산에 살고 있다고 전해지는 12명의 주신이야. 하늘의 지배
자이자 12신의 왕인 제우스를 비롯해 바다의 지배자인 포세이돈, 제우스의 아내이자 가정
과 여성의 수호신인 헤라, 미의 여신 아프로디테, 대지의 여신인 데메테르 등등 신들도 저마
다 '전공'과 '영역'이 정해져 있어.

르타는 '힘'으로 해결하려는 애들이란 말이지. 이 두 도시국가가 고대 그리스의 대표 선수였는데, 태생적인 성격이 달라서 같이 놀 수는 없고 으르렁거리며 서로를 노려봤지.

"무식한 놈이 힘만 세다더니… 니들이 철학을 알아?"
"힘없는 것들이 입만 살아가지고… 잔머리 굴리지 말고 한판 붙어 보자!"

이 와중에 '너 자신을 알라'라는 가르침으로 아테네 젊은
이들의 마음을 뒤흔든 소크라테스가 등장했어(사실 이 말은
소크라테스가 한 얘긴 아니야. 델파이 신전에 새겨져 있던 문구였지).
그리고 그의 제자인 플라톤이 소크라테스의 가르침을 이어
받아 철학자 양성 학교를 만들었는데, 그곳이 바로 아카데
메이아야. 여기서 가장 유명한 학생이 아리스토텔레스인데,
이 녀석은 "저는 선생님이랑 생각이 달라요. 전 저만의 철학

아카데메이아(Acadēmeia)

플라톤이 아테네 북서쪽에 있는 영웅신 아카데모스의 신역에 만든 학교야. 좋게 보면 학교
지만 스파르타식 '군대 내무반'으로 보는 게 옳을 거야. 짧은 수면, 성욕과 육식의 절제가 혼
을 정화한다는 생각으로 학생들에게 금욕적인 분위기를 강요했어. 아카데메이아는 오늘날
의 대학이나 학교를 뜻하는 '아카데미'의 어원이야.

을 할 겁니다!" 하고 아카데메이아를 뛰쳐나가 자기 학교를 차려 버리지.

소크라테스, 플라톤, 아리스토텔레스, 이 '철학 삼대'가 지난 2500년간 이어지는 서양철학의 뼈대를 만든 것이나 다름없어. 그 뒤에 나온 서양철학자들은 이들에게 큰 빚을 지고 있는 거지. 요즘이라면 '저작권료'를 내야 할 정도일걸?

《국가》는 플라톤의 대표작이야. 평을 한번 들어볼까?

서양철학사에서 플라톤의 위상은 어느 정도일까?

"서양철학사는 플라톤에 대한 각주를 모아 놓은 것에 불과하다."

— 영국 철학자·수학자 엘프리드 노스 화이트헤드

"대화편 중에서 가장 훌륭한 《국가》는 플라톤의 사상 전체를 한 권에 집약하고 있는, 그 자체로 완전무결한 논문이다."

— 미국 문명사학자·철학자 윌 듀랜트

쉽게 말하자면 "서양철학은 플라톤의 생각을 베끼든가 까든가 비틀든가 재연하다 끝났어. 플라톤의 대표작인 《국가》는 2000년에 한 번 나올까 말까 한 불후의 명작이야! 다른 철학은 볼 필요 없어!"라는 얘기지. 서양철학의 시작과 끝을 플라톤 혼자 다 이뤄낸 거야.

그리스와 플라톤

앨프리드 노스 화이트헤드(Alfred North Whitehead)

한마디로 천재야. 애초 전공은 수학이었는데, 철학으로 전공을 변경해 하버드대학교 철학과 교수가 됐대. 20세기를 대표하는 철학자 중 한 명으로, '끝내주게' 어려운 책을 쓰는 것으로도 유명했어. 수학적 연산을 할 수 있도록 논리 형식을 기호화하여 연구하는 기호논리학이 주전공이다 보니 전공할 마음이 아니라면 접근하지 않는 편이 정신건강에 좋을 거야.

윌 듀랜트(Will Durant)

철학자보다는 역사학자로 더 유명해. "내게 있어서 역사란 철학의 한 부분을 얻으려는 시도이다"라는 멋진 말을 남겼어.

예를 들어 설명해 볼게. '플라토닉 러브(platonic love)'라는 말 들어봤지? 육체적 사랑이 아닌 정신적 사랑을 뜻하는 말이야. 이 말이 어디서 나왔게? '플라톤의 사랑'이라는 이름에서부터 솔솔 냄새가 풍겨 나오지? 플라톤의 또 다른 명작인 《향연》에서 유래한 말이야. 새로운 생각이나 기발한 생각을 뜻하는 '아이디어'도 플라톤의 '이데아'에서 나온 말이고. 플라톤이 끼친 영향이 얼마나 대단한지 알겠지? 이러니 "철학은 플라톤이고, 플라톤은 철학"이란 말이 나오는 거야.

지금부터 2500년의 시간을 뛰어넘어 서양철학의 거인 플라톤의 대표작인 《국가》를 공부해 볼 거야. 철학이 뭔지는 모르겠지만 도대체 플라톤이 어떤 사람이고, 《국가》가 어떤 책이기에 2500년 전에 히트 친 작품이 지금까지도 영향을 주는 건지 궁금하지 않니?

아테네와 스파르타

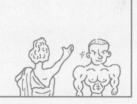

1

플라톤의 명작을 알고 싶으면 플라톤의 스승인 소크라테스부터 알아야 해. 소크라테스의 등장은 충격적이었지. 다른 사람을 설득하는 화려한 말솜씨를 가르치던 당시 아테네 철학자들과 달리 소크라테스는 아주 단순한 명제 하나를 들고 나왔거든.

"캐묻지 않는 삶은 살 가치가 없어!"

얼짱, 몸짱이 대세이던 시절에 얼짱, 몸짱인 소크라테스는 질문 하나로 아테네 사회를 발칵 뒤집어 놓았어. 캐묻지 않는 삶은 살 가치가 없다며 끊임없이 질문을 던졌거든. 그런데 어째서 소크라테스는 주류 철학계와는 정반대의 모습으로 아테네에 등장하게 된 걸까?

소크라테스와 플라톤은 아테네와 스파르타의 전쟁이 아니었으면 주목받기 힘들었을 거야. 이들 스승과 제자의 철학에서는 스파르타의 향기가 물씬 풍기거든. 그러니 우리는 아테네와 스파르타를 알아야만 해. 그래야 플라톤의 명작 《국가》를 이해할 수 있으니까. 구구단을 할 줄 알아야 곱셈을 할 수 있는 것과 같은 이치지.

아테네와 스파르타는 고대 그리스의 160여 개 폴리스(polis) 중 가장 잘나가는 나라들이었어. 그런데 잘나간다는 것 말고는 비슷한 점이라곤 하나도 없었어. 성격, 체격, 취미 모두 다 달랐지.

주변 폴리스로 영향력을 확대해 나간 아테네

아테네부터 살펴볼까? 아테네는 높은 지대에 자리 잡고 있었기 때문에 농사로 먹고사는 게 힘겨웠어. 포도나 올리브 농사를 짓긴 했는데, 포도로 배를 채울 수는 없잖아? 그래도 희망이 아예 없었던 건 아니야. 포도나 올리브가 넘쳐 났고, 도시 앞에는 훌륭한 항구가 있었거든.

"포도나 올리브를 갖다 팔면 되잖아? 이걸로 다른 음식을 사 오자!"

아테네의 수호신 아테나가 지혜와 전쟁, 공예를 담당한다고 했지? 딱 맞아떨어지는 거야. 장사를 하려면 팔 물건이 있어야 하잖아. 물건을 만들려면 손재주가 필요했고, 그러다 보니 공예의 여신을 찾게 된 거야. 지혜도 필요하지. 장사를 하려면 머리가 좋아야 하거든.

이렇게 장사로 돈을 벌다 보니 아테네는 점점 부유해졌
어. 그런데 덜컥 문제가 발생했어.

"물건은 많은데 살 사람이 없어. 어쩌지?"
"그럼, 살 사람을 만들면 되잖아?"

편의점에 물건을 잔뜩 쌓아 놨는데, 그걸 살 사람이 없으
면 편의점은 망하는 거잖아? 아테네도 마찬가지였어. 물건
은 잔뜩 있는데 살 사람이 없으면 아테네 사람들은 망해. 그
래서 생각해 낸 게 다른 폴리스를 찾아가는 거였어.

"어이, 내 물건 좀 사지 그래?"
"예? 그게… 저희도 포도주는 많은데…"
"그래서? 못 사겠다?"
"아, 아닙니다. 사… 사겠습니다!"

아테네는 이렇게 점점 주변 폴리스로 영향력을 확대해 나
갔어. 그런 와중에 아테네 사람들은 '민주주의'란 제도를 발
전시키게 돼. 아테네도 처음에는 왕이 다스리는 나라였어.
그러다가 귀족들이 왕의 권력을 빼앗아 자기들끼리 나라를
다스렸는데, 이걸 보고 평민들이 화를 낸 거지.

아테네와 스파르타

"야! 누군 입이고 누군 주둥이냐? 똑같은 사람인데 너희는 나라 다스리고 우리는 세금만 내냐? 우리도 나라를 다스리고 싶어!"

민주주의란 무엇일까?

숫자로 보면 평민이 훨씬 많았거든. 여기서 잠깐 민주주의를 뜻하는 영어 단어 데모크라시(democracy)의 어원(말의 '족보'라고 생각해)을 살펴볼까? 데모크라시는 그리스어 데모크라티아에서 나왔는데, 이 말은 '인민(人民)'이란 뜻의 데모스와 '지배'란 뜻의 크라티아를 합친 거야. 즉 '인민에 의한 지배'라는 뜻이지. 당시 그리스 사람들은 "몇 사람이 지배하는 것보다 많은 사람이 지배하는 편이 더 낫다"고 생각했어.

일리 있는 말이지. 다섯 사람이 모여서 라면을 몇 개 끓일까를 이야기하는데 한 사람이 자기 마음대로

"야! 짜장라면 끓여. 난 짜장이 좋아!" 하고 외친다고 해 봐.
나머지 네 사람은 짜증이 날 거야. 그런데 그들에게 말할 기
회가 주어진다면 어떨까?

"야! 난 짜장 싫어!"
"그래! 그냥 라면 끓여!"
"라면에다 계란만 푼다면 난 오케이!"
"거기에 김치 추가!"

이렇게 자기 의견을 내놓는다면 더 맛있는 라면을 끓일
확률이 높아진다는 거지. 아니, 라면을 맛있게 끓일지 어떨
지는 모르겠지만, 맛이 없더라도 적어도 서로 화를 내지는
않는다는 거지. 왜? 같이 끓였잖아. 라면을 사회 구성에 비
유하자면, 이렇게 모두 모여 같이 라면을 끓이자고 말한 사

솔론

고대 그리스의 시인이자 정치가야. 그가 정치가로 활동할 당시 아테네는 경제 양극화와 전쟁 등으로 위기 상황에 놓여 있었어. 이를 수습하고 사회를 개혁한 것이 그 유명한 '솔론의 개혁'이지. 그의 대표적인 개혁안은 '무거운 짐 덜어주기'란 이름으로 시행된 부채 탕감 정책이었는데, 당시 아테네에 있던 모든 부채를 탕감하고, 이후 사람을 담보로 한 대출을 금지했다고 해. 즉 이전에는 빚을 갚지 못하면 노예로 전락했는데(돈이 없으면 노예 같은 삶을 사는 건 마찬가지지만) 이를 막는 정책이었어. 이는 이전에 빚을 갚지 못해 노예가 된 시민들에게도 소급 적용했는데 오늘날 경제 양극화가 심한 대한민국 또한 눈여겨봐야 할 대목이라고 생각해.

람이 솔론이었어. 솔론이 라면, 아니 민주주의의 토대를 만들고, 그 뒤 페리클레스가 등장해 아테네 민주주의를 발전시키지.

아테네가 이렇게 발전하는 사이 스파르타는 뭘 하고 있었을까?

스파르타식 교육 흔히들 '스파르타식 교육'이란 말을 쓰잖아? 공부나 훈련을 아주 엄격하고 매섭게 시키는 걸 뜻하지. 그런데 궁금하지 않아? 스파르타식 교육이 얼마나 엄격하고 매서웠길래 2500년이 지난 지금까지도 그렇게 부르는 걸까? 한번 소크라테스처럼 질문을 던져 볼까?

그리스와 플라톤

"**왜** 스파르타는 2500년이 지난 지금까지 기억될 정도로 엄격하게 교육했던 걸까?"

스파르타의 교육이 엄격했다는 건 잘 알려진 사실이지만, 왜 그렇게 엄격하게 교육했는지에 관해서는 잘 알려지지 않았어. 뭔가 이유가 있었으니 엄격하게 교육한 게 아닐까? 원인이 있어야 결과가 있는 거잖아. 배가 고프면 밥을 먹는 것처럼 말이지.

이에 대해서는 《펠로폰네소스 전쟁사》를 쓴 고대 그리스의 역사학자 투키디데스가 잘 설명해 줬어.

"스파르타의 정책은 헤일로타이를 경계할 필요성에 주로 좌우되었다."

투키디데스가 말한 헤일로타이는 누굴까? 헤일로타이는

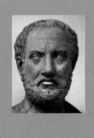

투키디데스

《펠로폰네소스 전쟁사》를 쓴 고대 그리스의 역사학자로 유명한 사람이야. 그가 있었기에 우리가 역사를 공부할 수 있는 건지도 모른다고 말하는 사람들이 많아. 이전까지는 '역사 아닌 역사인 듯한 신화'의 영역에서 살고 있었는데, 그가 등장하면서부터 신화와 역사가 분리됐대.

아테네와 스파르타

스파르타의 노예였어. 이들은 원래 스파르타 서쪽의 메세니아 사람들이었는데, 기원전 7세기에 스파르타에 정복당한 뒤로 수백 년간 스파르타의 노예로 살게 됐지. 우리나라가 일본에 강제로 합병돼서 35년간 고통당한 것처럼 그들도 힘든 삶을 살아야 했어.

예를 들어볼까? 당시 스파르타는 헤일로타이가 노예란 사실을 잊지 않게끔 잘못을 하지 않았어도 정해진 횟수만큼 때렸고, 힘센 노예가 있으면 반란을 일으킬까 봐 그냥 죽였어. 게다가 헤일로타이 중에 '살찐 사람'이 있으면 이를 막지 않았다고 그 죄를 물어 제비뽑기로 처벌받을 사람을 정했어. 왜 그랬던 걸까? 간단해. 헤일로타이의 수가 스파르타 시민의 스무 배나 됐기 때문이야. 주인은 한 명인데 노예가 스무 명이야. 만약 이들이 '주인을 죽이고 우리끼리 잘살아 보자!'라면서 반란을 일으키면 주인은 꼼짝없이 죽을 수밖에 없겠지. 스파르타는 이런 두려움 때문에 노예를 엄격하게 관리하고 자신의 '힘'을 길러야 했던 거야.

"우리 자식들은 노예 스무 명이 덤벼도 이겨낼 수 있는 강한 전사로 키우자!"

아고게라는 독특한 교육 방식

이렇게 해서 나온 게 스파르타만의 독특한 교육 방식인 '아고게'야. 그럼 스파르타식 교육을 한번 살펴볼까?

❶ **출생** 아이가 태어나면 다섯 명의 검사관들이 아이를 꼼꼼하게 살펴보는데, 병에 걸렸거나 약하면 바로 죽였어. 강한 전사로 자랄 것 같지 않은 아이는 필요 없다는 거야.

❷ **가정교육** 일곱 살까지는 집에서 생활하는데, 이때 아버지가 기본적인 전투 상식을 가르쳐줘. 그리고 일곱 살이 되면 집을 떠나 아고게가 시작돼.

❸ **합숙** 집을 떠나면 이때부터 모든 걸 스스로 알아서 해야 했어. 아이들은 각자 풀을 뜯어서 침대를 만들어야 했는데, 이때 침대 안에 가시를 섞어 넣었어. 이유가 무시무시한데 "겨울에 푹 잠들면 얼어 죽으니까 가시에 찔려 깊이 잠들지 않도록" 하기 위해서야. 목욕? 목욕은 1년에 몇 번밖에 할 수 없었어. 이런 생활을 서른 살까지 해야 했어.

그럼 이렇게 합숙하면서 무엇을 배웠을까? 지금처럼 국어, 영어, 수학을 가르쳤을까? 아니, 스파르타는 '전쟁'을 준비하는 공부를 했어.

● **전투 훈련** 하루 10시간씩 군사 훈련을 했어. 창을 쓰는 창술, 칼을 쓰는 검술과 레슬링을 주로 배웠지.

● **인내력 교육** 열다섯 살 이전에는 1년에 한 번씩 훈련생을 나무 형틀에 묶고 채찍으로 때렸어. 당시 스파르타 사람들은 맞으면 맞을수록 피부가 단단해진다고 믿었기에 아이

아테네와 스파르타

들의 피부를 단단하게 만들기 위해 때렸던 거야.

● **도둑질 교육**   열여섯 살이 되면 하루 두 끼는 알아서 구해 먹어야 했어. 한마디로 훔쳐 먹으란 소리지. 보통은 노예 계급인 헤일로타이의 집에서 훔쳐 먹는데, 어쩌다 시민 계급의 음식을 훔쳐 먹다가 걸리면 맞아야 했어. 음식을 훔쳐서가 아니라 들켰기 때문이었지.

이렇게 스파르타식 교육을 받은 아이들은 스무 살에 졸업을 했어. 졸업하고 나서는 좀 편했을까? 아니, 졸업 후에는 서른 살까지 군대에 있어야 했지. 물론 이때도 합숙 생활을 해야 했고 말이야. 서른 살이 넘으면 비로소 출퇴근을 할 수 있게 돼. 군인 신분은 유지되지만 그래도 이게 어디야?

스파르타 사람들은 언제까지 군인으로 살아야 했던 걸까?

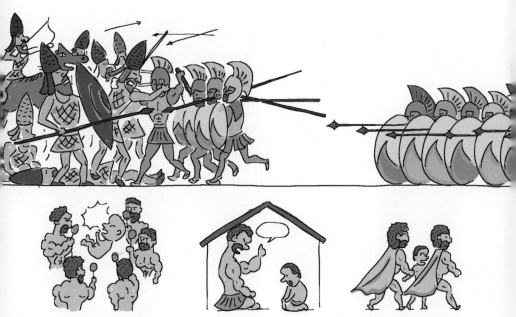

놀라지 마. 무려 쉰 살이야. 스파르타에서는 쉰 살까지 전투에 참여해야 한다는 의무가 있었어. 한마디로 말해 평생 군인으로 산 셈이지. 재미있는 게 출퇴근을 하더라도 저녁은 꼭 부대에서 먹어야 한다는 조건이 있었어. 바로 스파르타의 '시시티아' 관습이야.

스파르타 사회의 특징

스파르타는 열다섯 명이 한 조가 되는 '피디티온'이란 식사 조를 만들었는데, 이들은 빈부나 지위를 가리지 않고 무조건 한 조로 묶여 함께 밥을 먹어야 했어. 만약 한 명이 빠지게 되면 기존 조원들이 만장일치로 찬성해야만 새로운 식사 조원을 받아들일 수 있었지. 왜 그랬을까? 학교에서 급식 먹지? 같은 반 친구끼리 같이 밥 먹잖아. 그럼 친해지지. 아무래도 다른 반끼리는 좀 서먹하지 않아? 친구끼리 같이 급식을 먹을 땐 부자인 아이나 집안 사정이 어려운 아이나 같은 음식을 먹게 되잖아. 이처럼 스파르타는 공동 식사를 통해 두 가지 효과를 노렸던 거야.

"평소에 같이 밥을 먹으면서 전우애를 다져 놓으면, 전쟁이 터졌을 때 더 큰 전투력을 발휘할 수 있다."

"부자나 가난한 사람이나 같이 밥을 먹으면, 평등한 식사를 할 수밖에 없다. 그럼 빈부 격차가 없는 스파르타가 될 수 있다!"

그리스와 플라톤

첫 번째 효과는 금방 이해되지? 그런데 두 번째 효과는 이해하기가 쉽지 않을 거야. 한마디로 말하자면, 스파르타는 '사회적 평등'을 내세운 나라야.

"부자가 뭐야? 거지? 왜 사람이 구걸을 하지?"

스파르타에는 부자나 가난한 사람의 개념이 없었어. 아니, 아예 '내 것'이라는 소유 개념이 없었지. 땅을 살 수도 팔 수도 없고, 돈이나 보석 같은 귀중품의 사용도 억제했어. 예를 하나 들어 볼까? 당시 스파르타의 화폐는 '쇠막대기'였는데, 이를 본 그리스의 다른 폴리스 사람들은 황당해했어.

"이게 돈이야? 이건 그냥 쇠막대기잖아! 이걸로 포도주를 산다고? 스파르타 사람한테는 안 팔아!"

스파르타는 일상생활에서 누리는 모든 '욕망'을 포기했어. 맛있는 걸 먹는 것, 좋아하는 사람과 데이트하는 것, 재밌는 책을 읽거나 그림을 그리는 것과 같은 즐거움을 죄다 포기하고 대신 '영예로운 인생'을 선택한 거야. 그게 뭘까? 명예를 중시하고, 전쟁터에서 나라를 위해 싸우다 죽는 영광스러운 전사로서의 삶을 좇은 거지.

아테네와 비교되지 않아? 아테네는 일찍부터 장사에 눈을

떠 그리스 이곳저곳을 돌아다니며 돈을 벌고, 철학과 예술을 발전시켰어. 나중에는 모든 시민에게 나라를 다스릴 권리를 주는 민주주의를 발전시켰지. 이와 달리 태어나면서부터 전사로 길러지고, 돈 보기를 '쇳'같이 하고, 일상에서의 재미나 즐거움 대신 영예로운 인생과 영광스러운 죽음을 좇은 스파르타. 아테네와 스파르타는 마치 물과 기름처럼 너무나 달랐지.

만약 이들이 변두리에서 놀던 그저 그런 폴리스였다면 사이가 나쁜 이웃 정도로 끝났겠지만, 이들은 그리스를 대표하는 도시국가였고 어쩔 수 없이 마주쳐야 하는 상황이 잦았어. 페르시아 전쟁이 그런 경우였지. 대제국을 만든 페르시아가 그리스를 침공한 거야. 페르시아는 하나의 거대한 제국인 반면 그리스는 160여 개의 작은 도시국가로 쪼개져 있는 상태였어. 아테네나 스파르타 혹은 다른 폴리스들이 각자 페르시아와 싸웠다가는 무조건 지는 싸움이었지. 고민 끝에 폴리스들은 뭉치기 시작했어.

"우선은 페르시아를 물리치고 나서 우리 싸움을 생각합시다. 이대로 가다간 우리 모두 망할 것 같소."

당연한 결론이야. 집에 도둑이 들었는데, 엄마 아빠가 부부 싸움 한다고 도둑을 내버려둔다면 큰일 나지 않겠어? 우

그리스와 플라톤

페르시아 전쟁

기원전 490년부터 기원전 449년까지 페르시아와 고대 그리스 국가 연합이 벌인 전쟁이
야. 동양과 서양의 충돌이라며 문명사적으로 중요한 전쟁으로 보지만, 그 시작은 의외로 시
시했다고 해. 고대 그리스의 식민지였던 이오니아에서 반란이 터졌어. 이유는 간단했어. 이
들이 페르시아에 점령되고 만 거야. 이들은 그리스의 본토 국가로 달려가 "이번엔 우리가
당했지만, 다음엔 너희가 당할 것이다! 도와 달라!" 하고 읍소를 하게 돼. 이에 아테네가 호
응하면서 전쟁이 시작됐지. 우리가 잘 알고 있는 마라톤 전투, 살라미스 해전 등이 이 전쟁
중에 벌어졌어.

선 도둑부터 잡아야지. 이렇게 힘을 합쳐서 싸운 전투가 육
상 경기 '마라톤'의 기원이 된 마라톤 전투와 영화 〈300〉의
배경이 된 테르모필레 전투, 세계 4대 해전 중 하나인 살라
미스 해전이야.

아테네와 스파르타

"백짓장도 맞들면 낫다"잖아. 아테네와 스파르타는 서로 손을 잡고 50년간 페르시아와 싸워 승리했어. 도둑을 잡았으니 그간 미뤄 뒀던 부부 싸움을 할 때가 됐다는 생각이 들지 않았겠어?

그리스와 플라톤

그리스의
자살

페르시아 전쟁이 끝나고 얼마 뒤 아테네와 스파르타는 전쟁을 벌여. 이 전쟁을 펠로폰네소스 전쟁이라고 부르는데, 전쟁의 원인과 성격이 이 이름에 모두 담겨 있어.

펠로폰네소스가 뭘까? 바로 땅 이름이야. 그리스 남부에 반도(삼면이 바다에 둘러싸여 있는 땅)가 있는데 이게 펠로폰네소스 반도야. 이곳에 있는 그리스의 도시국가들이 '펠로폰네소스 동맹'이라는 군사동맹을 만들었는데, 여기의 대표가 스파르타였어. 다시 말해 스파르타가 주변 도시국가를 끌어들여 힘을 모은 거지.

그렇다면 아테네는 어땠을까? 역시 아테네와 친한 도시국가를 모아서 '델로스 동맹'이라는 군사동맹을 만들었어. 그리스 전체가 둘로 갈라져 전쟁을 준비한 거지.

델로스 동맹의 형성

펠로폰네소스 전쟁이라는 이름만 보면 마치 스파르타가 일으킨 전쟁 같지만, 사실은 델로스 동맹, 아니 콕 집어 아테네 때문에 일어난 전쟁이야(아테네가 잘못했어!). 소크라테스

 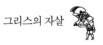

펠로폰네소스 전쟁

페르시아 전쟁으로 급성장한 아테네는 '제국'으로 성장했어. 당시 고대 그리스의 또 다른 축

이었던 스파르타가 전면에 나서 페르시아 전쟁을 수행했다면(그러려고 군사 훈련 받은 거 아닌

가?) 아테네가 급성장하지는 않았을 거야. 그러나 헤일로타이라는 '폭탄'을 품에 안고 있었

던 스파르타는 병력을 빼기가 쉽지 않았어. 내부 단속용으로 얼마간의 병력을 국내에 주둔

시켜야 했기 때문이지. 그렇다 보니 페르시아 전쟁을 아테네가 주도하게 됐지. 문제는 이후

아테네의 행보였어. 페르시아 전쟁으로 급성장한 아테네와 그런 아테네를 불안한 눈빛으로

바라보는 스파르타. 결국 전쟁은 일어날 수밖에 없었다고 해.

그리스와 플라톤

와 플라톤을 이해하려면 이 당시 상황을 알아야 하니까 좀 자세히 설명할게.

원래 델로스 동맹은 페르시아 전쟁 때문에 만들어졌어.

"페르시아랑 전쟁하려면 군함도 만들어야 하고 군사도 키워야 하지 않겠소?"

"군함을 만들면 되잖소. 그게 뭐 어떻다는 거요?"

"답답한 사람들이군. 군함을 만들려면 뭐가 필요할 것 같소? 바로 돈이지 돈! 그 돈 누가 낼 거요?"

전쟁을 하려면 돈이 필요해. 군함 만들고 병사들 훈련시키고 먹이려면 돈이 들어가잖아. 아테네는 그리스 에게해에 있는 여러 폴리스를 모아서 페르시아와의 전쟁에 대비해 동맹 군대를 육성하자고 제안했어. 흩어지면 죽고 뭉치면 산다는 생각에 개별 폴리스의 군대가 아니라 하나로 뭉친 '그리스 군대'를 만들기로 한 거야. 당시 아테네는 폴리스들에게 선택권을 줬어.

"가맹국들은 군함이나 병사를 보내든가 아니면 돈을 내시오. 내가 그 돈으로 군대를 만들 테니."

합리적인 제안처럼 들리지? 병사가 많은 폴리스라면 병사

 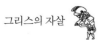

를 보내면 될 것이고, 병사가 적거나 군대를 보내는 게 싫은 폴리스는 돈만 내면 되는 거야. 어떻게 됐을까? 델로스 동맹 가맹국 대부분이 돈을 선택했어.

"전쟁 나서 우리 애들 죽으면 어떡해? 그냥 돈 주고 해결하자."

동맹 가맹국들이 낸 '방위비'는 델로스섬의 금고에 넣어두고 사용했어(왜 '델로스 동맹'인지 알겠지?). 그런데 이 돈을 관리하는 아테네가 딴생각을 품기 시작하면서 문제가 발생한 거야. 돈을 거뒀으면 그 돈을 어떻게 사용했는지 투명하게 공개해야 하지 않겠어? 그런데 아테네는 그럴 생각이 전혀 없었어. 방위비를 거둬 가는 '동맹 재무위원'을 아테네 시민으로만 구성했거든. 언제든 아테네가 그 돈을 마음대로 쓸 수 있었다는 거야. 그리고 실제로 그런 일이 벌어졌지.

아테네는 방위비를 가지고 아테네 이곳저곳에 건물을 짓고 사치와 향락을 즐겼어. 아테네 파르테논 신전에 있는 아테나 여신상을 금으로 도배한 것도 이때지. 나중에는 델로스섬에 있는 금고를 아테네로 가져와 파르테논 신전 안에 보관했어. 모두의 주머니에서 나왔지만 아테네의 돈이 되고만 거지.

그렇다면 델로스 동맹의 군대는 어떻게 됐을까? 애초에

그리스와 플라톤

페르시아와의 전쟁에 대비하기 위한 군대였잖아? 이 역시 아테네 마음대로 사용하기 시작했어. 처음에는 페르시아와의 전쟁 중 그리스에 등을 돌린 폴리스들을 응징하더니 나중에는 아테네에 불만을 가진 폴리스들을 공격하기 시작한 거야. 상황이 이렇게 돌아가니까 그리스의 여러 폴리스가 아테네에 불만을 품을 수밖에 없었어.

"델로스 동맹, 이거 아테네한테만 좋은 일이잖소? 안 하면 안 되는 거요?"

"에이, 그래도 페르시아가 언제 쳐들어올지 모르니까 조금만 더 참아 봅시다."

아테네가 싫지만 페르시아가 무서웠던 폴리스들은 그저 참고 기다리는 수밖에 없었어. 뭘 기다렸을까? 바로 페르시아와의 전쟁이 끝나길 기다린 거지. 페르시아와의 전쟁만 끝나면 짜증나는 델로스 동맹도 끝이라는 희망으로 버텼던 거야. 그리고 그 희망은 곧 이루어져.

기원전 449년 봄 그리스와 페르시아는 '칼리아스 평화조약'을 체결했어. 전쟁이 끝난 거야. 평화의 시대가 왔으니 전쟁을 위해 만든 델로스 동맹도 필요 없어졌지. 하지만 아테네의 생각은 달랐어.

"어허, 평화조약 체결했다고 전쟁이 끝났다고 보시오? 페르시아가 언제 딴마음 먹고 쳐들어올지 몰라요!"

이렇게 엄포를 놓으며 델로스 동맹을 해산하지 않은 거야. 왜 그랬을까? 델로스 동맹의 '돈'이 아까웠던 거야. 예전에는 주변 폴리스 눈치 보면서 조금씩 돈을 빼돌렸는데, 이

때부터는 아예 자기 돈인 것처럼 쓰기 시작했어. 나중에는 이 방위비 일부를 빌려주고 이자를 받는 사채업까지 했지. 그러고는 모두의 돈으로 만든 군대로 주변 폴리스들을 협박하기 시작했어.

"야, 너희 모두 마음에 안 들어. 내 말 안 들으면 어떻게 되는지 알지? 조심해."

"야! 너희는 재판을 왜 이렇게 해? 걔 나랑 친한 애야. 건들지 마!"

아테네와 스파르타 사이의 패권 다툼

아테네는 자기 마음에 들지 않는 폴리스를 협박하고, 정치에 간섭하기 시작했어. 많은 폴리스가 아테네의 행동에 눈살을 찌푸렸지. 하나같이 '누가 나타나 아테네 한 대 때려 주면 안 되나?' 이런 생각을 하기 시작했어.

이때 웅크리고 있던 스파르타와 펠로폰네소스 동맹이 움직이기 시작한 거야. 스파르타는 원래부터 아테네와 맞지 않았는데, 아테네가 그리스 여러 폴리스의 불만을 사고 있는 상황이 벌어진 거야. 자연스럽게 전쟁이 시작되겠다는 느낌이 오지? 여기에 스파르타를 조급하게 만든 일이 하나

있었어. 바로 '장벽'이야.

아테네는 스파르타와의 전쟁에 대비해(애초 목적은 페르시아와의 전쟁에 대비한 것이라지만) 아테네와 피레아스(아테네의 항구도시) 사이를 장벽으로 연결한 상태였어. 아테네는 해군이 강하고 스파르타는 육군이 강한데, 스파르타가 육군을 이끌고 쳐들어오면 이 장벽으로 방어하겠다는 계산이었지. 즉 스파르타의 육군이 이제 아테네에 위협이 되지 않는다는 소리야.

결국 아테네와 스파르타는 그리스의 운명을 건 펠로폰네소스 전쟁을 일으켰어. 역사가들은 이를 가리켜 '그리스의 자살'이라고 말하곤 해. 서로 힘을 합쳐도 모자를 판에 스스로 죽음을 향해 달려갔다는 거야. 결국 펠로폰네소스 전쟁에서 진 아테네는 몰락했고, 승리한 스파르타 또한 전쟁의 상처가 너무 깊어 마찬가지로 몰락의 길을 걷게 돼.

그리스와 플라톤

돈 때문에 변한 아테네

미국인이 가장 존경하는 대통령인 링컨(노예 해방을 이룬 대통령)이 이렇게 말했어.

"그 사람의 성품을 알고 싶다면 그에게 권력을 줘 봐라."

평소에는 착하고 성실한 사람이라도 권력이 생긴 다음에는 어떻게 변할지 모른다는 뜻이야. 바꿔 말하면, 권력을 가진 뒤에도 한결같은 사람이 좋은 사람이란 뜻이겠지?

아테네는 델로스 동맹으로 얻은 힘과 돈을 스스로를 위해 썼어. 아테네에는 돈이 넘쳐 났고, 그 돈으로 오늘날 '그리스' 하면 떠오르는 웅장한 건축물들을 짓기 시작했어. 그리고 문화와 예술을 발전시켰지. 생각해 봐. 당장 배가 고픈데 돈이 만 원밖에 없어. 이 돈으로 영화관에서 영화 볼래 아니면 중국집에서 짜장면 사 먹을래? 당연히 배부터 채우지 않겠어? 문화나 예술은 생활이 안정된 다음에 찾는 것이거든.

우리가 알고 있는 고대 그리스의 수많은 예술품과 웅장한 건축물, 모두가 인정하는 그리스 철학과 연극은 바로 이 시기에 나온 거야. 역사가들은 이때를 '아테네의 황금기'라고 하지.

그런데 문화와 예술이 발전한 데서 멈추지 않고, 아테네 사람들은 사치와 향락에 빠져들었어. 소크라테스와 플라톤을 떠올리면서 "아테네 사람들은 모두 철학과 예술을 사랑하는 사람들 아니야?" 하고 반문할 수도 있겠지만, 당시 아테네 사람들이 좋은 건 '돈'이었어. 돈만 있으면 된다고, 겉으로 화려한 게 최고라고 생각했지. 이때부터 아테네 청년들은 너 나 할 것 없이 강가에 나가 운동하는 게 유행이었어. 왜? 멋진 근육을 만들기 위해서야. 당시 아테네 청년들은 건국 영웅으로 불리는 테세우스를 숭배하기 시작했는데,

테세우스

고대 그리스 아테네의 유명한 영웅이야. 헤라클레스가 '힘'으로 유명한 영웅이라면 테세우스는 '머리'로 성공한 영웅이지. 아테네의 왕 아이게우스의 아들이거나 바다의 신 포세이돈의 아들이라는 설이 있어. 크레타섬의 미노타우로스를 퇴치한 일화가 유명해.

그리스와 플라톤

그를 좇아 자신들도 근육질 몸매를 만들어야겠다고 생각했지. 내면의 아름다움보다는 겉모습을 가꾸는 데 정신이 팔렸던 거야.

그렇다면 내면의 아름다움을 위한 공부는 어땠을까? 사실 이 부분이 더 큰 문제였어. 당시 아테네의 공부는 소피스트들이 휘어잡고 있었거든. 이들은 지금으로 치자면 학원에서 논술이나 웅변을 가르치는 사람들이야. 아테네에서 성공하기 위해서는 딱 하나의 재능만 있으면 됐는데, 바로 '말발'이야.

아테네는 원래 왕이 다스리던 국가였는데, 평민들이 요구해서 모두가 함께 나라를 다스리는 민주주의를 하게 됐다고 했지? 이를 주도한 사람이 솔론이야. 솔론의 개혁 이후 아테

소피스트

솔론의 개혁 이후 아테네 민회의 힘이 강력해지자 정치적 식견과 이를 말로 풀어내는 웅변술이 점점 중요해졌어. 이때 정점을 찍은 이가 페르시아 전쟁의 영웅 테미스토클레스, 펠로폰네소스 전쟁 당시의 페리클레스야. 출세하기 위해서는 '말발'이 필요하다는 인식이 자리잡자 이런 수요를 놓치지 않고 등장한 사람들이 소피스트였어. 그들을 '궤변론자'라고 폄하하는데, 그들의 주장을 가만히 보면 궤변론자라기보다는 실용론자라고 보는 편이 옳아. 그들은 어디까지나 소송에서 이기고 시민을 대상으로 정치적 이익을 얻기 위한 '실용 정치학'을 가르친 사람들이라고 말할 수 있기 때문이야. 이들의 전횡이 도를 넘어서 아테네를 파멸로 끌고 갈 때쯤 등장한 인물이 바로 그 유명한 소크라테스지.

네 정치의 중심은 '민회(民會)'가 됐어. 아테네 시민권을 가진 열여섯 살 이상의 남자라면 민회에 참석할 수 있었는데, 여기서 관리 선출이나 전쟁 결정, 동맹 체결, 법률 제정, 재판 등 나라의 중요한 일을 모두 처리했어(오늘날의 국회를 생각하면 돼). 이 민회에서 활약하려면 '말발'이 중요했어. 시민들을 설득해 내 편으로 만들고, 내가 생각하는 방향대로 나라를 이끌려면 말을 잘해야 했지. 아무리 좋은 정책이라도 사람들이 이해 못 한다면 반대할 확률이 높거든.

그리스와 플라톤

당시 야망을 가진 아테네의 젊은 청년들은 페르시아 전쟁 당시 아테네를 이끈 테미스토클레스나 펠로폰네소스 전쟁 시절 아테네를 이끈 페리클레스를 보며 정치가의 꿈을 키워 나갔어. 아테네 사람 모두 테미스토클레스나 페리클레스 같은 정치인의 삶을 '성공한 인생'이라고 봤거든.

테미스토클레스

아테네의 군인이자 정치가로 살라미스 해전의 주인공이야. 페르시아와의 전쟁에 대비해 아테네에 새로운 항구를 만들고 대규모 함대 건조 계획을 추진하여 아테네 해군을 그리스 최강으로 만들었어. 또한 페르시아 전쟁 이후 아테네가 그리스의 패권을 잡을 수 있도록 기초를 튼튼히 세웠지. 하지만 뇌물을 엄청 밝히고, 자신의 라이벌인 아리스티테스를 도편 추방한 정치가이기도 했어.

페리클레스

아테네의 군인이자 정치가로 유명했어. 페르시아 전쟁과 펠로폰네소스 전쟁 사이에 태어나 펠로폰네소스 전쟁을 지휘했고, '아테네의 황금기'를 열었어. 역사학자인 투키디데스는 그를 '아테네의 제1시민'이라고 부르고, 그가 통치한 기원전 457~429년을 '페리클레스의 시대'라고 불렀어. 그의 집권기에 아테네 민주주의는 절정에 올랐고, 의욕적으로 예술과 문학을 장려한 덕분에 아테네는 고대 그리스 문화의 중심지가 됐다고 해. 아울러 오늘날 그리스가 먹고살 수 있는 토대를 만들었다고 할 수 있어. 관광 수입이 중요한 그리스에 최고 관광 자원인 파르테논 신전을 비롯해 여러 건축물을 남긴 것도 페리클레스라고 하니까. 이렇게만 보면 진정한 의미의 '정치 영웅' '민주주의 수호자' 같지만 반대편 사람들에게는 대중 영합 정치가, 포퓰리즘의 선두 주자로 비난받기도 했어.

민회에 있는 시민들만 휘어잡으면 권력을 휘두를 수 있는 상황이다 보니 정치인을 꿈꾸는 이들은 너 나 할 것 없이 말발을 키우기 위해 노력했어. 그럼 정치인을 꿈꾸지 않는 사람이라면 말발을 키우지 않아도 되지 않았을까? 그렇지도 않았어. 아테네 시민이라면 누구나 고발할 수 있고 고발당할 수 있었어. 이를 심판하는 곳도 민회였지. 민회에서 억울함을 해명하기 위해서라도 말발이 필요했던 거야. 언제 누구에게 고발당할지 모르기 때문에 어느 정도의 말발은 필수였지. 그렇다 보니 모두가 말발을 배우기 위해 덤벼들었고, 이때 나타난 족집게 과외 선생이 소피스트였어.

소피스트가
등장한 배경

"성공하고 싶어? 그럼 말을 잘해야 해! 말을 잘하고 싶어? 그럼 나만 따라와!"

아테네에는 소피스트들이 넘쳐 났어. 뭐, 말 잘하는 게 나쁜 건 아니니까 말 잘하는 법을 가르치는 게 잘못된 일은 아니었지. 그런데 문제는 이들이 가르치는 내용이었어.

"말싸움을 하면 무조건 이겨야 해! 말이 안 돼? 그런 게 어디 있어! 말은 하기 나름이야!"

말 잘하는 법을 가르치는 건 좋은데, 이들은 말로 상대방을 이기기 위한 '방법'만 강조한 거야. 말이 되든 안 되든 이어 붙여서 무조건 이기기만 하면 된다는 논리였지. 예를 들어볼까?

프로타고라스라는 소피스트가 있었어. "인간은 만물의 척도다"라는 주장으로 유명한 사람이었는데, 유명한 만큼 수업료도 비쌌지. 어느 날 제자가 되겠다고 찾아온 사람이 그의 수업을 들으면 재판에서 이길 수 있느냐고 물었어. 프로타고라스는 그건 너한테 달렸다고 대답했지. 그가 확실하지도 않은데 수업료를 내기는 어렵겠다고 하자 프로타고라스는 일단 수업을 들은 뒤 첫 재판에서 받은 배상금으로 수업료를 내라고 했어. 그런데 수업을 다 들은 제자가 재판은 안 하고 놀고먹기만 하는 거야. 재판을 해야 배상금이 나올 텐데 놀기만 하고 수업료 낼 생각을 하지 않으니 프로타고라스는 화가 났지. 그래서 결국 제자를 고소했어.

"내가 이기면 재판에서 졌으니까 벌금을 물어야 하고, 네가 이겨도 그건 내 덕분이니 넌 내게 수업료를 내야 한다."

재판에 이겨도 져도 프로타고라스는 돈을 받겠다는 소리지. 그런데 제자의 답변이 걸작이야.

"제가 이기면 이겼으니까 수업료를 안 내도 되고, 선생님이 이기면 선생님이 제게 사기 친 게 되니까 안 내도 되죠."

이런 식의 '궤변'을 늘어놓는 게 소피스트의 방식이었어.
말싸움에서는 이길 수 있을는지 모르지만 이치에 맞는 말은
아니었지. 그래서 후세 사람들이 소피스트를 '궤변론자'라고
부른 거야.

향락과 사치에 빠져 외모만 가꾸고, 성공하기 위해 궤변

만을 배우던 아테네. 어떤 모습일지 상상이 가니? 나사가 한 두 개쯤 빠진 모습처럼 보이지? 이렇게 혼란한 시대에 혜성처럼 등장한 사람이 있었으니, 그가 바로 소크라테스야.

배부른 소크라테스?
소크라테스의 죽음!

"배부른 돼지보다 배고픈 소크라테스가 되는 것이 낫다."

단순히 배만 부르면 만족하는 삶이 아니라 끊임없이 삶의 의미와 목적을 탐구하는 사람이 되라는 말인데, 이건 한국에서 약간 각색한 말이야. 원래 이 말은 존 스튜어트 밀이란 사람이 한 말인데 "배부른 돼지보다 배고픈 인간이 되는 것이 낫다. 만족스러운 바보보다 불만족스러운 소크라테스가 되는 것이 낫다"라는 게 원본이야. 뭐, 그건 그렇고 '배고픈 소크라테스'란 표현만 보면 소크라테스가 굉장히 날씬했을 것 같지? 그런데 기록을 보면 날씬함과는 거리가 멀었어. 당시 사람들이 소크라테스를 어떻게 표현했는지 한번 볼까?

"내가 장담하건대 이분은 실레노스를 꼭 빼닮았다네."
"나는 저 찢어지게 가난한 수다쟁이 소크라테스를 혐오하네. 그는 세상의 모든 것을 사색하지만, 다음 끼니를 어디서

구해야 하는지도 모르는 인간이지."

첫 번째는 소크라테스의 제자인 알키비아데스가 한 말이고, 두 번째는 당시 아테네의 유명 시인이었던 에우폴리스가 한 말이야. 알키비아데스가 말한 실레노스는 술의 신 디오니소스의 술친구로, 늘 술에 취해 있는 딸기코에 배불뚝이였어. 그러니 소크라테스가 못난 배불뚝이였다는 말이지. 또 에우폴리스의 말을 들어 보면 소크라테스가 무척 가난했

실레노스
그리스 신화에서 '목축의 신'으로 나오지만, 주로 디오니소스의 스승 혹은 조언자로 활약했어. 고대 그리스의 항아리에 많이 그려진 '캐릭터'로, 딸기코를 한 노인의 모습이야. 음악과 술을 즐겼다고 해.

알키비아데스
고대 그리스 아테네에서 '금수저' '엄친아'를 말할 때 빼놓을 수 없는 인물이지. 좋은 집안(페리클레스가 후견인이었대!)에서 태어나 유복하게 자란 그는 똑똑했고 재능이 넘쳤으며 운동 능력도 뛰어났어. 심지어 잘생기기까지 했지. 이런 그가 철학까지 익히기 위해 소크라테스의 제자가 됐지만 야망이 문제였어. 그는 자신의 재능을 믿고 설치다 사형 선고를 받고 스파르타로 도망쳤지. 이후 스파르타에서도 도망쳐 페르시아로 향했으나 그곳에서 스파르타의 사주를 받은 페르시아 총독에 의해 살해당하고 말았어. 재능 있고 야망이 많은 건 좋았지만 스스로를 제어하지 못해 비참한 최후를 맞이했어.

다는 사실을 알 수 있어. 결국 알키비아데스와 에우폴리스의 말을 종합해 보면 "소크라테스는 배불뚝이에 못생겼고, 가난뱅이 주제에 말만 많았다"는 얘기야.

이게 사실이냐고? 사실이었어. 사치와 향락! 돈이 최고였던 아테네! 인생의 진리나 내면의 아름다움 대신 멋진 근육과 아름다운 외모를 좇는 것이 인생의 목표인 아테네에 못생긴 가난뱅이 소크라테스가 등장한 거야. 그는 외쳤지.

"내 내면이 아름다워지게 하시고, 내 외적인 재산은 내 내면의 상태와 일치하게 하소서! 나는 지혜로운 사람이 부자라고 믿고 싶으며, 황금은 절도 있는 사람이 지니거나 가져갈 수 있을 만큼만 갖고 싶나이다!"
— 플라톤, 《파이드로스》

외모나 재산이 아니라 내면의 아름다움, 지혜를 좇고, 돈은 쓸 수 있을 만큼만 있으면 된다는 거야. 그야말로 '충격과 공포'였어. 그때까지 아테네의 상식으로 통하던 '돈'과 '아름다운 외모'를 소크라테스는 부정하고 거부했던 거야.

순식간에 수많은 아테네 청년이 소크라테스에게 몰려들었어. '돈과 출세가 인생의 전부'라고 교육받아 온 청년들이 정반대 주장을 하는 소크라테스의 말에 귀가 솔깃해진 것이지.

아테네 청년들이 소크라테스에게 열광한 이유는 무엇일까?

배부른 소크라테스? 소크라테스의 죽음! 61

"선생님! 제발 저를 제자로 삼아 주세요. 수업료는 얼마든지 내겠습니다!"

"수업료? 내가 뭘 가르친다고 수업료를 받아?"

"네?"

"그냥 대화나 좀 하자. 자, 네가 생각하는 게 뭔데?"

소피스트들은 비싼 수업료를 받았다고 했지? 소크라테스를 찾아온 사람들은 마찬가지로 비싼 수업료를 내야 할 줄 알았어. 그런데 돈을 안 받아! 게다가 뭘 가르치지도 않아!

"캐묻지 않는 삶은 살 가치가 없어!" 소크라테스가 늘 주장하던 말이야. 이 말처럼 소크라테스는 계속 질문을 던졌어. 자기 생각을 남에게 말하지 않고, 남이 하는 말을 듣고는 그 말의 허점을 계속 파고들어서 질문한 이가 스스로 깨닫도록 했지. 이걸 산파법이라고 해.

산파법

산파란 산모 옆에서 아기가 무사히 태어날 수 있도록 돕는 사람이야. 소크라테스의 교육법은 바로 이런 산파의 모습과 비슷해. 산파가 산모 대신 아기를 낳아 줄 수 없는 것처럼 소크라테스는 질문한 상대방과 문답을 주고받으면서 스스로 진실을 찾아가도록 이끄는 방법으로 교육했어. 답을 알려 주는 게 아니라 답을 찾도록 돕는 교육법이지.

그리스와 플라톤

"해는 왜 동쪽에서 뜨는 겁니까?"
"해는 원래 동쪽에서 떠서 서쪽에서 지는 거야! 그냥 외워!"

이런 주입식 교육이 아니야.

"한번 생각해 볼까? 넌 왜 동쪽에서 뜬다고 생각해?"
"지구가 돌기 때문이 아닐까요?"
"왜 지구가 돈다고 생각하지?"
"한국은 지금 아침이지만, 미국은 지금 저녁이잖아요?"
"그건 어떻게 아는데?"

이런 식으로 끊임없이 질문을 던져서 스스로 깨닫게 하는
교육 방식이었어. 외워서 아는 것보다 훨씬 귀찮지만, 그만
큼 확실히 깨달을 수 있지. 물론 이에 대한 반발도 있었어.

"남에게 묻지만 말고, 또 남이 무엇인가 대답한 것을 뒤집
고서는 자랑스럽게 굴지 마세요. 대답하기보다는 묻기가 훨
씬 쉬우니 당신 자신이 대답을 하세요."
— 《국가》에서 트라시마코스가 소크라테스에게 한 말

트라시마코스는 《국가》에 등장하는 소피스트야. "정의는
강자의 이익이다"라는 말로 유명한 철학자인데, 소크라테스

배부른 소크라테스? 소크라테스의 죽음!

를 잔뜩 경계하고 짜증을 냈지. 늘 남이 하는 말의 말꼬리를 잡아 말한 사람을 궁지로 몰아간다고 푸념하는 거야. 소크라테스의 제자였던 알키비아데스도 비슷한 이야기를 했어.

"소크라테스는 독사야. 이분과 철학적 대화를 하다 한 방 물리는 날에는 죽는 거지."

상대방의 말에서 허점을 찾아내 독사같이 물어뜯는 거야. 그러면 사람들은 횡설수설하다가 말문을 닫을 수밖에 없었어. 소크라테스는 상대방을 깨닫게 해 주겠다며 끝없이 파고들었지만 당하는 입장에서는 불편할 수밖에 없었지. 소크라테스를 사랑하는 제자인 알키비아데스조차 스승을 '독사'라고 표현할 정도였으니 알 만하지?
처음에 아테네 사람들은 소크라테스를 다른 소피스트 같은 '족집게 과외 선생' 정도로 알았는데, 그가 말하는 내용이 점점 이상하다고 느꼈어.

"잘나가는 소피스트면 아는 것도 많겠죠?"
**"내가 아는 전부는
내가 아무것도 모른다는 사실이다."**

"열심히 돈 벌어서 집도 사고

그리스와 플라톤

결혼도 하려면 어떻게 해야 하죠?"

"사는 것이 중요한 문제가 아니고

바르게 사는 것이 중요한 문제다."

"먹고살 돈도 없는데, 부모님은 편찮으시고…

일단 나부터 살아야겠다고 생각하는 사람이 많잖아요?"

"자기 부모를 섬길 줄 모르는 사람과는 벗하지 말라.

왜냐하면 그는 인간의 첫걸음을 벗어났기 때문이다."

"죽는 게 두려워요."

"죽음이란 육체로부터의 해방이다."

"쉴 틈 없이 일을 해야지만 성공할 수 있잖아요."

"한가로운 시간은

무엇과도 바꿀 수 없는 재산이다."

아테네 청년들은 점점 더 소크라테스에게 열광했고, 그걸 바라보는 아테네 지도자들은 점점 더 불편해졌어. 맞는 말을 하는 것 같긴 한데, 너무 '바른말'만 하니까 불편했던 거야. 물이 너무 맑으면 물고기가 살 수 없는 것과 같은 이치지. 결국 소크라테스는 고소를 당해. 겉으로 내건 이유는 두 가지였어.

소크라테스가
죽음으로 내몰린 이유

배부른 소크라테스? 소크라테스의 죽음!

첫째, 신을 믿지 않는 불경죄.

둘째, 청소년의 정신을 타락시킨 죄.

당대 아테네 문학계의 대표 주자인 멜레토스와 논술계의 대표 주자 리콘, 한창 떠오르는 정치인이던 아니토스가 공동으로 소크라테스를 고소한 사실만 봐도 당시 아테네 지도자들이 얼마나 소크라테스를 싫어했는지 알 수 있을 거야. 그런데 웃기지 않아? 단순히 싫다는 이유로 멀쩡한 사람을 고소하다니. 여기에는 깊은 사연이 숨어 있어. 바로 스파르타 때문이야.

크게 두 가지 이유가 있었어.

첫째, 소크라테스와 그의 제자들이 스파르타를 동경했다는 거야.

소크라테스와 제자들은 사치와 향락을 몰아내고 아테네를 건강한 사회로 만들려면 스파르타처럼 돼야 한다고 생각했어. 말만 많고 돈만 밝히는 아테네보다는 돈 보기를 '쇠'같이 하고, 말보다는 행동으로 실천하는 스파르타가 훨씬 더 건강한 사회라 믿었지. 이 때문인지 소크라테스의 제자들은 스파르타식 짧은 바지를 입고, 권투 연습을 하며 시간을 보냈지. 아테네 지도자들은 이 모습이 꼴 보기 싫었던 거야. 플라톤의 《국가》를 설명할 때 나오겠지만, 책 내용 여기저기에서 스파르타의 국가 운영 방식을 참조한 흔적을 발견할 수 있어.

둘째, 그의 제자들이 아테네를 배신하고 매국노가 됐다는 거야.

이 부분이 핵심인데, 소크라테스의 제자 중에서 매국노가 등장한 거야. 소크라테스의 제자였던 알키비아데스는 아테네를 배신하고 스파르타로 넘어가(훗날 스파르타도 배신하고 페르시아로 넘어가서 그리스를 침략하라고 말하지). 또 다른 제자인 크리티아스는 30인 참주 정치에 참여했어. 기원전 404년 펠로폰네소스 전쟁에서 아테네는 스파르타에 항복했는데, 당시 스파르타는 아테네를 통치할 힘이 없었어. 그래서 아테네의 부자나 귀족 중에서 자기 말을 잘 들을 것 같은 사람들을 뽑아서 아테네를 대신 통치하게 했지. 이것이 바로 30인 참주 정치의 시작이야. 아테네의 자랑이던 민주 정치가 그렇게 사라지는 것처럼 보였지만, 아테네 시민들이 들고일어나서 30인 참주 정치는 사라지게 됐지. 아테네 사람들에게 이 30명은 매국노였어.

이런 상황 때문에 아테네 사람들이 소크라테스를 바라보는 눈빛이 달라졌어. 그전에는 '좀 이상한 과외 선생'일 뿐이었지만 이제 '매국노의 선생'이 된 거야. 그런데 한번 생각해봐. 매국노 짓을 한 건 소크라테스의 제자들이지 소크라테

크리티아스

고대 아테네의 정치가이자 철학자야. 플라톤의 친척으로, 소크라테스의 제자이기도 해. 30인 참주의 우두머리가 되어 공포 정치를 펼쳤으나 8개월 만에 종지부를 찍고 말았어.

30인 참주 정치

펠로폰네소스 전쟁에서 아테네는 스파르타에게 항복하고 말았어. 아테네의 민주주의를 파괴하기로 한 스파르타는 아테네 내에서 민주주의에 적대적이던 30명의 부유층, 귀족을 포섭했어. 이 30명은 스파르타의 도움을 받아 참주정을 세웠지. 이 30명의 참주는 통치를 수월하게 하기 위해 부유한 3000명에게만 선거권과 피선거권을 주고, 나머지 수만 명에 달하는 시민의 권리를 박탈하겠다고 선언했어. 그러고는 정적과 반대자를 숙청하기 시작해. 이때 트라시불로스와 70명의 민주주의 수호파가 봉기하여 필레의 군사 기지를 점령하자 민주주의 수호 세력은 순식간에 1000명으로 불어났어. 아테네 민주주의 세력의 격렬한 저항을 목도한 스파르타는 1년도 안 돼 30인 참주 정치를 포기하고 아테네 주둔군을 철수시켰어. 외세를 등에 업은 쿠데타 집권 세력을 시민의 힘으로 몰아낸 셈이지.

스가 아니잖아? 게다가 소크라테스는 아테네의 그 누구보다 청렴했고(수업료도 안 받았잖아) 강직했으며(어떤 유혹에도 굴하지 않고 내면의 아름다움을 위해 노력했지) 시민으로서의 의무에 충실했어(펠로폰네소스 전쟁에 참전해 싸우기도 했지).

소크라테스는 법정에서 자신과 아테네를 위해 변론했어.

"여러분은 덩치가 크고 혈통이 좋은 말입니다. 그러나 덩치만 크고 굼뜬 말입니다. 이런 말에게는 착 달라붙어 괴롭

히는 등에가 필요합니다. 나 소크라테스는 여러
분의 등에인 것입니다."

등에가 뭘까? 벌처럼 생겨서는 말이나 소에 달
라붙어 피를 빨아먹는 곤충이야. 두꺼운 말가죽,
소가죽을 뚫을 정도니 주둥이가 얼마나 날카롭겠
어? 커다란 말이나 소도 등에가 쏘면 깜짝 놀라.
향락과 사치에 물들어 정신 못 차리는 아테네에
서 소크라테스는 등에처럼 따끔한 충고를 하는
사람이었던 거야. "좋은 약은 입에 쓰다"라는 말
들어봤지?

소크라테스는 왜
탈옥하지 않았을까?

그런데 아테네 사람들은 이런 소크라테스에게
결국 사형을 선고해. 마지막 순간 소크라테스의
친구이자 후원자인 크리톤이 도망가라고 설득하
지만(당시 아테네에서는 정치적 사건이 터지면 다른 나라
로 도망가곤 했어) 소크라테스는 이를 거절했어.

"철학하는 자유를 포기하느니 차라리 죽음을 달라는 것이
내 이성의 명령이네."

그러고는 독약을 먹고 죽지. 아테네는 그렇게 인류 최고
의 철학자 중 하나를 죽인 거야.

그리스와 플라톤

소크라테스의 죽음을 묘사한 그림 중 가장 유명한 자크 루이 다비드의 그림

플라톤은 《소크라테스의 변명》, 《크리톤》, 《파이돈》 세 권의 책을 통해 소크라테스의 재판에서부터 사형에 이르기까지 모든 사건을 기록했어. 그에게 소크라테스의 죽음은 잊지 못할 커다란 충격이었지.

배부른 소크라테스? 소크라테스의 죽음!

5 플라톤, 스승의 죽음에 충격받다

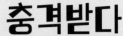

오늘날로 치면 플라톤은 재벌집 아들이라고 할 수 있어. 태어나 보니 집에 돈이 쌓여 있는 거야. 금수저를 물고 태어난 거지. 아버지 아리스톤은 왕족의 후예였고, 어머니 페릭티오네는 아테네 민주 정치의 기초를 다진 솔론과 관계가 깊어. 솔론의 친구 중에 드로피데스란 사람이 있었는데, 이 드로피데스 가문의 여인이었거든. 외당숙은 30인 참주 정치에 참여한 크리티아스였어. 한 마디로 잘나가는 집안이었지. 아마도 플라톤은 아테네의 훌륭한 정치가가 됐을 거야. 그런데 스무 살에 소크라테스를 만나게 되지.

"이분의 말씀을 들을 때 내 심장은 미친 듯 춤추는 코리바스의 심장보다 격렬하게 뛰며, 눈물이 마구 쏟아집니다."

그리스와 플라톤

코리바스는 키벨레 여신을 모시는 제관(제사를 주관하는 사람)인데, 제사를 지낼 때 요란하게 춤추기로 유명해. 이 코리바스의 심장보다 더 격렬하게 뛰었다니, 한마디로 홀딱 반한 거야. 플라톤은 소크라테스의 가르침을 진공청소기로 빨아들이듯 쪽쪽 흡수했지.

8년이 지난 어느 날 플라톤은 충격적 사건을 접하게 돼. 바로 소크라테스의 죽음이야. 자신이 열렬히 사랑하고 존경하던 스승 소크라테스가 무식한 아테네 시민들에게 사형을 당한 거야. 플라톤은 이 충격으로 아테네를 떠나 지중해 여러 나라를 돌아다니며 견문을 넓혔어. 유학길에 오른 셈이지. 플라톤은 철학자, 수학자, 성직자 등 여러 나라의 다양한 지식인을 만나서 지식을 쌓아 나갔어. 그리고 마흔 살이 됐을 때 아테네로 돌아와서는 아테네 인근 숲속에 학교를 하나 세웠지. 바로 아카데메이아야. 지금도 학교나 학원에 '아카데미'란 이름을 붙이는 곳이 많지? 2500년 전 플라톤이 만든 학교 이름이 지금까지 이어져 내려온 거야. 플라톤이 후대에 얼마나 많은 영향을 끼쳤는지 알겠지?

플라톤, 스승의 죽음에 충격받다

플라톤이 아카데메이아에서 제자들과 대화하며 생각을 펼친 책이 바로 《국가》야. 플라톤은 왜 혼란한 아테네로 돌아와 '국가'라는 제목의 책을 썼을까? 자신의 경험과 지식을 바탕으로 이상적인 나라를 만들기 위해 작성한 '설계도'가 바로 《국가》였던 거야.

아테네가 황금기를 지나 서서히 몰락해 가던 시기에 태어나 한창 혼란할 무렵에 성장하고, 희망으로 여기던 스승 소크라테스의 죽음을 눈앞에서 목격한 플라톤은 아테네의 혼탁한 정치(아테네 민주주의)에 실망했던 거야. 하지만 실망을 희망으로 바꾸기 위해 자신이 생각하는 이상 국가의 설계도를 《국가》라는 책에 차곡차곡 담아 넣었던 것이지.

그럼, 이제 본격적으로 《국가》에 대해 이야기해 볼까?

2장

플라톤과
《국가》

《국가》를 읽기 전에

플라톤은 여든한 살까지 살면서 서른 권이 넘는 책을 썼어. 재미난 점은 플라톤이 책을 쓸 때 드라마처럼 대화로 풀어 냈다는 거야.

"너는 정의를 뭐라고 생각해?"
"정의? 정의는 강자의 이익이라고 생각하는데."
"왜 그렇게 생각하는데?"

이런 식이야. 그래서 이를 '대화편'이라고 부르는데 《국가》, 《향연》, 《크리톤》 등 대부분의 책이 이렇게 쓰여 있어. 더 재미난 점은 이 대화편에 가장 많이 등장하는 주인공이 플라톤 자신이 아니란 사실이야. 플라톤 책에는 주로 소크라테스가 나오는데, 소크라테스가 대화를 이끌고 이야기를 주도해 나가지. 소크라테스가 주인공인 셈이야.

그렇다면 '플라톤이 소크라테스의 말을 받아 적은 건가?' 하는 의문이 들 수도 있겠지만, 그건 아니야. 플라톤의 기억력이 아무리 뛰어나더라도 서른 권이 넘는 내용을 다 외워

플라톤과 《국가》

서 쓰는 건 불가능해. 소크라테스가 살아 있을 때 한 말이나 주장이 실려 있기는 하겠지만, 대부분이 플라톤의 머리에서 나왔다고 보는 편이 맞아.

　그럼 《국가》를 읽어 볼까?

솔직히 말할게. 플라톤의 《국가》는 좋은 책이야. 그런데 읽는 건 굉장히 어려워. 그 양부터가 대단한데, 플라톤의 대화편 중 5분의 1을 차지하는 어마어마한 분량이야(《국가》는 총 10권으로 나뉘어 있어). 양도 양이지만 더 큰 문제는 그 내용이야. 플라톤의 거의 모든 철학을 담아 놨기에 건드리지 않은 분야가 없고 그 내용도 어려워. 얼마나 어려운지 목차만 잠깐 살펴볼까?

● 제1권 이야기의 도입부인데, 축제에서 만난 이들이 '정의(올바름)'란 무엇인가를 두고 토론해. 여기서 트라시마코스는 '정의란 강자의 이익'이라는 주장을 펼치고, 소크라테스는 '정의는 덕이요 지혜요 행복을 가져다주고 유리한 것'이라고 주장하지.

● 제2권 정의의 본질을 말하고, 나라를 지키는 수호자들의 교육에 대해 이야기해. 덤으로 교육에 대해서도 이야기하는데, 국가나 사회가 훌륭한 아이들을 키우기 위해서는 아이들에게 좋은 것만 이야기하고 좋은 것만 듣게 해서 나쁜 것은 아예 생각도 못 하게 키워야 한다고 주장해. 얼핏 보면 좋은 이야기 같지? 그런데 좀 위험한 생각이야. 우리가 스스로 세상을 바라볼 기회를 없애버린다는 얘기거든. 즉 어른들이 좋다고 인정한 것만 봐야 한다는 의미야. 이

걸 보면 플라톤이 모든 기준을 '국가'에 두고, 좋은 국가를 만들기 위한 도구로 사람을 대하는 게 아닌가 하는 의심을 품게 돼(이는 뒤로 갈수록 확실해져!).

● 제3권 수호자들을 위한 교육 방법이 나와 있어. 문학과 음악, 체육을 가르쳐야 한다고 하고, 통치자의 자격에 대해서도 이야기해. 수호자를 키우기 위해서는 감정도 통제해야 한다고 주장하는데, 이게 좀 무서운 얘기야. 두려움을 갖지 않도록 하는 것까지는 이해하겠는데, 웃음과 울음도 통제해야 한다고 하니, 좀 무섭지 않아? 기쁠 때 마음대로 웃지 못하고 슬플 때 울지도 못한다면, 그건 로봇이나 다름없잖아?

● 제4권 수호자들 이야기가 계속 이어지며 이들이 경계해야 할 것과 중요시해야 할 것이 나와. 훌륭한 국가에 필요한 것은 지혜, 용기, 절제, 정의라는 말도 하고. 여기서 눈여겨봐야 할 것은 수호자의 자식이 수호자의 능력을 갖추지 못하면 다른 계층으로 보내야 한다는 대목이야. 즉 아빠가 변호사라고 해서 아들도 변호사가 될 수 있다는 뜻은 아니란 소리지. 조선 시대에 양반의 아들은 양반으로 태어나잖아? 이런 혈통이나 부모가 물려준 재산으로 사람을 판단하지 말고 능력으로 평가하자는 말이야. 요즘 세상에

서는 상식이지만 당시로서는 파격적 주장이었어.

- 제5권   이 부분을 보면 플라톤이 얼마나 파격적이었는지 알 수 있어. 남녀평등에 대해 이야기하는데, 지금의 상식으로는 이해하기 어려운 이야기도 나와. 대표적인 게 통치자들의 '아내 공유'야(자식도 공유해). 소크라테스(대화편의 주인공은 소크라테스라고 말했지?)도 이 주장이 받아들여지기 힘들다는 걸 알았어. 많은 사람이 싫어할 테고 이루어지기 힘들다는 걸 알지만 꼭 필요하다고 말하지.

- 제6권   이제부터 《국가》의 핵심 내용이 나오기 시작해. 철학자가 국가를 다스려야 하는 이유가 나오고, '이데아'에 관한 이야기도 나오지. 이데아는 플라톤 철학의 핵심이야. 자세한 내용은 나중에 다룰 테니 지금은 이런 게 있다는 정도만 알고 있어.

- 제7권   《국가》에서 가장 유명한 대목인 '동굴의 비유'가 나오는 부분이야. 플라톤이 정말로 사람들에게 전하고 싶었던 이야기가 이것인지도 몰라.

- 제8권   여기서는 잘못된 국가 체제에 대해 이야기해. 소크라테스는 정부의 형태를 철인 정치, 금권 정치, 과두 정

플라톤과 《국가》

치, 민주 정치, 참주 정치로 구분했어. 그리고 이 중 최고의 정치는 철학자가 나라를 다스리는 철인 정치라고 말하지. 안타깝게도 민주 정치는 참주 정치(오늘날로 치면 북한과 같은 독재 정치야) 다음으로 나쁜 정치 형태라고 주장해.

● 제9권 가장 행복한 사람은 '지혜를 사랑하는 자'라면서 지혜를 사랑하는 사람이 느끼는 기쁨에 대해 말해.

● 제10권 여기에서 플라톤은 문학을 혐오하는 모습을 보여. 재미있는 점은 플라톤의 제자인 아리스토텔레스가 서구 문학 비평의 시초인 《시학(詩學)》을 쓴 이유가 바로 여기에 있다는 거야. 플라톤은 시인을 혐오했는데, 아리스토텔레스가 그건 아니라며 스승과 한판 붙은 거야.

이 10권의 책이 바로 플라톤의 《국가》야. 슬쩍 펼쳐만 봤는데도 어렵지? 대학생에게도 어려운 책이고, 어른 중에서도 이 책을 제대로 읽은 사람이 많지 않을 거야. 물론 이 책을 다 읽는다면 정말 좋겠지. 그렇지만 무턱대고 덤볐다가 너무 어려워서 책 읽는 것 자체를 포기할까 봐 걱정이 돼. 그래서 《국가》에서 정말 중요하다고 생각하는 세 가지를 중심으로 내용을 간략히 설명할까 해.

첫째, 플라톤이 말하는 이상 국가의 모습.

둘째, 이데아와 동굴의 비유.

셋째, 철인 정치.

이 세 가지 주제로《국가》의 주요 내용을 살펴볼 거야. 어려운 이야기지만 최대한 알기 쉽게 풀어낼 테니 잘 따라와 주렴!

플라톤이 말하는 이상 국가의 모습

《국가》의 원래 제목은 그리스어로 '폴리테이아 에 페리 디카이우'야. '국가 혹은 올바름에 대하여'라는 뜻이지. 여기서 말하는 국가란 대한민국, 영국, 미국 같은 '나라'라기보다는 나라를 유지하는 뼈대나 골격, 구조라고 볼 수 있어. 우리나라처럼 민주주의 형태의 나라도 있고, 북한과 같이 독재 국가형태의 나라도 있잖아? 그 형태나 구조에 관한 이야기라고 보면 돼.

플라톤의 인생을 보면, 이 《국가》란 책을 쓸 수밖에 없는 상황이었어. 플라톤은 아테네와 스파르타의 전쟁이 시작되고 3년 뒤 태어났어. 아테네의 영광과 번영을 가져왔던 페리클레스가 죽은 지 1년 후였기에 플라톤은 혼란기의 아테네에서 성장해야 했지.

페리클레스는 아테네를 이끌기 위해 시민들을 설득하는데 일가견이 있었는데, 사람들은 먼 미래보다는 눈앞의 고통을 피하는 데 급급했어. 예를 들어, 당장 몸이 아파. 그러면 약을 먹어야 하는데 약이 쓰다고 안 먹겠다고 떼를 쓰는 거야. "약이 쓰지? 그래, 그 맘 다 알아. 그런데 이거 안 먹으면 나중에 더 아플 텐데… 그래도 싫어? 그럼 이렇게 하자. 약 먹으면 내가 초콜릿 하나 줄게." 이런 식으로 페리클레스는 아테네 시민들을 어르고 달래며 정치를 했어. 그런데 페리클레스가 죽으니까 시민들은 아예 약을 먹지 않겠다고 선언해. 아테네 시민들은 눈앞의 이익만 생각하고 먼 미래를 보지 않았던 거야. 이러니 아테네가 혼란스러워질 수밖에 없었지.

이를 눈앞에서 지켜본 플라톤은 괴로웠어. 그나마 다행인 건 아테네의 '등에'를 자처하는 소크라테스의 등장이었지. 플라톤은 소크라테스에게서 희망을 보았고 그를 좇았어. 때마침 30인 참주 정치가 시작됐는데, 플라톤은 스파르타와 맞서 싸우려면 그리고 혼란한 아테네의 정치를 개혁하려면 강력한 지도자가 필요하다고 생각했어. 그런데 30인 참주 정치가 아테네 시민들에 의해 무산되고, 소크라테스는 사형을 당해.

플라톤의 고민   이런 아픔이 있었기에 플라톤은 '이상적인 국가'가 무엇인지, 이런 국가를 만들려면 어떻게 해야 하는지 끊임없이 고민했을 거야. 결론부터 말하자면 《국가》는 플라톤의 '이상 국가 설계도'라고 할 수 있어. 그럼 본격적으로 플라톤의 《국가》에 대해 이야기해 볼까?

플라톤과 《국가》

플라톤은 '국가의 시작'을 사람의 필요성에서 찾았어. 즉 사람은 혼자서는 못 산다는 거야. 사람이 살아가기 위해서는 먹을 것도 필요하고 집도 옷도 필요해. 이 모든 걸 혼자 다 만들 수는 없잖아? 그렇기 때문에 서로 돕고 살아야 해. 이렇게 분업을 하고 교환을 하면서 일정한 지역에 사람이 모이고 사회를 이루게 된 거야.

그런데 사람이 많이 모이다 보면 국가가 커지고, 국가가 커지다 보면 국민들 사이에서 불만이 나오기도 하고 주변 다른 나라의 위협을 받기도 해. 그러다 보면 나라가 망할 수도 있고. 플라톤은 이런 약하고 건전하지 못한 국가가 아닌 '이상 국가'를 만들려고 했어.

어떤 나라의 상황을 이야기해 볼까? 다음 이야기를 들어 보고 이 나라가 어떤 나라일까 상상해 봐.

❶ 난 화가가 되고 싶은데, 국가에서 넌 재능이 없으니 농사 꾼이 되라고 등을 떠밀어.

❷ 나라를 다스리겠다고? 그럼 쉰 살까지 계속 공부해! 그때 까지 공부해야지만 나라를 다스릴 수 있어. 아, 그리고 나 라를 다스리는 사람은 재산을 모을 수 없어. 알지? 넌 평 생 돈도 못 모으고, 자식도 둘 수 없어.

❸ 네가 사랑하는 여자와 결혼할 수 없어. 결혼하고 싶다면 네 여자 친구는 네 친구들 모두와 결혼해야 해. 아니면 우

플라톤과 《국가》

리나라에서는 결혼할 수 없어.

❹ 정치인은 거짓말을 해도 괜찮아.

❺ 아이들이 읽고 싶은 책이 아니라 어른들이 좋다고 허락
한 책만 읽게 해야 해.

❻ 시를 쓰고 싶다고? 우리나라에 시를 쓰는 사람은 필요 없
어! 시인은 무조건 추방한다!

이런 나라는 어떤 나라일까? 쓱 봐도 좋은 나라는 아닌 것
같지? 그런데 이게 바로 플라톤이 말한 '이상 국가'의 단면
이야. 플라톤은 이런 국가를 최고의 나라로 생각했던 거야.
아, 그렇다고 오해는 마. 앞뒤 뚝 잘라서 가운데 토막만 이
야기한 거니까. 이야기를 다 들어 보면 플라톤이 왜 이런 주
장을 했는지 이해할 수 있을 거야(물론 전부 받아들이긴 어려울
거야. 지금 봐도 파격적인 주장이 많거든). 그럼 하나씩 천천히 설
명해 볼게.

플라톤이 생각한 세 직종

❶번에 대한 플라톤의 설명을 들어볼까?

소크라테스 나는 거짓 이야기를 만들어 통치자와 수호자 그

리고 일반인들에게 들려줄 셈이네. 내용은 이렇다네. 수호자인 당신들은 일찍이 지구라는 땅속에서 태어나 양육되어 왔다는 것, 무기와 다른 장비들 또한 거기에서 제조됐고 이 모든 것이 완성된 다음에야 지상으로 내보내졌다는 것, 따라서 국가는 어머니요 유모(乳母)라는 것, 그렇기 때문에 국가의 이익을 위해 최선을 다할 의무가 있으며 적의 공격으로부터 국가를 방위해야 한다는 것, 또한 일반 시민들 역시 같이 태어난 대지의 형제들이므로 각별히 아껴야 한다는 것이네.

글라우콘 듣고 보니 선생님이 망설일 만한 내용입니다.

소크라테스 그러나 이게 다가 아니네. 기왕 시작했으니 마저 이야기해야겠네. 나는 국민들을 향해 이렇게 말하려 하네. "신이 비록 다르게 만들었으나 그대들은 한 형제다. 그대들 가운데 **어떤 사람은 금을 섞어 통치자로 만들고, 어떤 사람은 은을 섞어 보조자로 만들었으며, 또 어떤 사람은 철과 구리를 섞어 농부나 직공으로 만들었다.** 하지만 그대들은 모두 한 핏줄이어서 어떤 때는 금의 자손에게서 은의 자손이 나오기도 하고, 은의 자손에서 금의 자손이 나오기도 한다. 그러므로 신은 자손의 혼에 어떤 성분이 들어있는지 잘 지켜보라고 했다. 그래서 만일 그대들의 자손이 철이나 구리로 섞인 자로 태어나면 그 천성에 맞게 농부나 직공으로 삼고, 금이나 은이 섞인 자로 태

어나면 통치자나 보조자의 지위를 주어야 한다. 이는 철
이나 구리가 섞인 수호자가 나라를 지킬 경우 그 나라가
멸망할 것이라는 신탁 때문이다."

─《국가》 제3권 중에서

플라톤은 국민을 통치 계급(왕), 수호 계급(군인), 생산 계
급(농민, 노동자, 수공업자)의 세 직종으로 나누었어. 이 직종은
조선 시대 양반, 중인, 농민, 백정처럼 한번 정해졌다고 자식
대까지 이어지지는 않아. "그대들은 모두 한 핏줄이어서 어
떤 때는 금의 자손에게서 은의 자손이 나오기도 하고, 은의
자손에서 금의 자손이 나오기도 한다"라는 대목에 주목해야
해. 능력대로 재능대로 사람을 뽑는다는 거야.

이 세 직종은 각자에 합당한 '덕(德)'이 있는데, 이 덕목들
이 국가 안에서 잘 조화될 때 이상 국가가 된다고 해. 그럼,
하나씩 살펴볼까?

**이상 국가 국민이
갖춰야 하는 덕**

덕(德)

플라톤은 지혜로운 국가의 조건으로 지혜, 용기, 절제, 정의, 이렇게 네 가지 덕을 이야기해.
지혜로운 국가가 되기 위해서는 통치 계급에만 지혜가 있어도 돼. 용기 있는 국가가 되기 위
해서는 수호 계급에만 용기가 있어도 괜찮지. 하지만 절제 있는 국가가 되기 위해서는 통치
계급, 수호 계급, 생산 계급에 속한 모두에게 절제가 있어야 한다고 보았어. 이렇게 지혜, 용
기, 절제가 조화를 이루면 정의로운 국가가 될 수 있는 거야.

첫째로 '통치자'에게 가장 필요한 건 '지혜'야. 똑똑해야 나라를 잘 다스리지 않겠어? 여기서 말하는 지혜는 단순히 많이 알고 똑똑한 게 아니야(그런 건 '지식'이 많다고 하지). 사물의 본질을 꿰뚫어 볼 줄 아는 능력을 지혜라 할 수 있지. 이 지혜를 얻기 위해서는 철학적 사색이 필요해. 여기서 그 유명한 '철인군주론'이 나와. 즉 철학자가 왕이 되거나 왕이 철학을 공부해야 한다고 주장한 거야.

둘째로 '수호자'는 나라를 지키는 군인의 임무를 맡게 돼. 나라를 지키려면 뭐가 필요하겠어? 당연히 '용기'지.

셋째로 '생산자'에게는 '절제' 있는 행동을 요구했어. 질서를 지키고, 쾌락과 욕망을 극복하라고 주문한 거지.

이렇듯 플라톤은 적성과 재능으로 계급을 나누고, 각자 계급에 맞는 교육을 받은

플라톤과 《국가》

다음 자신의 직종에 충실할 때 이상 국가를 만들 수 있다고 봤어.

통치자의 교육에 관해

교육 이야기가 나왔으니 바로 ❷번으로 넘어가 볼까? 플라톤은 각자의 적성과 재능에 따라 과목과 교육 기간을 달리했어. 당연히 나라를 다스리는 통치자의 교육 기간이 가장 길었지. 열 살에 공부를 시작해 쉰 살에 끝내고 그때부터 나라를 다스리라고 했으니 얼마나 힘들었겠어?

《국가》에 나와 있는 통치자의 교육 방법을 보면 플라톤이 시대를 상당히 앞서갔다는 것을 알 수 있어. 교육 방법은 대략 8단계로 나뉘는데 그 내용은 다음과 같아.

1단계 · 기초 교육

모든 사람에게는 평등한 교육의 권리가 주어져. 오늘날의 대한민국처럼 초등학교, 중학교까지는 국가가 책임지고 가르치는 것과 같아.

2단계·선발

시험을 통해서 재능 있고 똑똑한 학생을 선발해.

3단계·군복무

뛰어난 인재들은 의무적으로 군복무를 해야 했어.

4단계·집중 교육

그런 다음에는 수학, 과학, 음악 등을 집중적으로 공부해.

5단계·시험

이렇게 군복무와 집중 교육

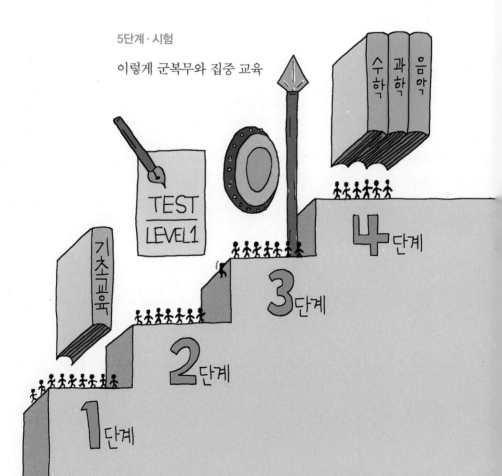

을 받은 학생들을 다시 한번 시험을 치러 걸러내.

6단계 · 실무 교육

공부만 하면 세상 돌아가는 이치를 모를 수 있기 때문에 나라를 다스리는 현장에 보내서 실무를 교육받게 해. 직장에 정식으로 취업하기 전에 인턴으로 일해 보는 셈이지.

7단계 · 철학 교육

6단계까지 온 학생들 중에서 철학 교육을 받을 자격이 있다고 판단되는 학생들에게 철학을 가르쳐.

8단계 · 졸업(?)

이 모든 과정을 통과한 학생(이때쯤이면 노인이 돼 있겠지?)에게 나라를 통치하게 했어. 대략 55세쯤 됐으니 당시로서는 평생을 공부한다 해도 과언이 아니지.

어때? 굉장히 어렵고 힘든 과정이라는 게 느껴지지? 플라톤은 통치자를 철저히 교육해야지만 이상 국가로 나아갈 수 있다고 믿었어. 그만큼 공부시킨다면 훌륭한 지도자를 만들 수는 있겠지만, 과연 그렇게 할 수 있을까? 공부만 시킨다면 가능할지도 모르겠지만 플라톤이 생각하는 '통치자'는 공부만 잘해서는 안 됐어. 공부 이외의 까다로운 조건도 충족해야 했는데, 바로 개인의 '욕심'을 다스리는 일이야.

재산, 아내, 자식은 '내게 없다'

❸번은 욕심에 관한 내용이야. 정말 말 많고 탈 많은 이야기지. 플라톤의 《국가》를 이야기할 때 가장 논란이 되는 부분이 바로 이 대목이야.

"친구는 모든 것을 공유한다네. 아무도 생필품 이외의 사유 재산을 소유해서는 안 되네. 만일 집과 땅과 돈을 사유한다면 통치자의 지위를 포기해야 하네."

플라톤이 《국가》에서 밝힌 통치자의 규율이야. 여기서 친구는 통치자들을 말하는데, 이들은 군인처럼 같이 밥 먹고, 개인 재산 소유가 금지돼. 뉴스에 심심찮게 나오는 것이 정치인의 비리 사건이잖아. 정치인이 뇌물을 받는 일이 빈번히 일어나지. 플라톤은 정치인과 지도자의 비리를 막기 위해 아예 처음부터 욕심을 부리지 않도록 사유 재산을 금지한 거야. 재산을 가질 수 없으니 비리를 저지를 가능성이 사라진다는 거지. 무섭게도 플라톤은 여기서 한 발 더 나아가는데, 바로 '부인 공유제'야.

통치자는 자기 부인, 자기 자식이 없어. 그날그날 오늘은 누구랑 부부가 되고, 내일은 다른 사람이랑 부부가 되는 거야. 만약 그 사이에서 자식이 태어나면? '우리 모두의 자식'이 되는 거야. 그런데 만약 통치자들이 예쁜 여자만 찾으면 어떻게 하지? 플라톤은 제비뽑기를 해서 용맹한 이에게 아름다운 여자를 주자고 제안해. 그 이유가 섬뜩한데, 용맹한 남자와 아름다운 여자가 만나면 우수한 유전자를 퍼뜨릴 수 있다는 거야.

사유 재산을 금지하고 아내와 자식마저 공유하는 것은 통치자가 아내와 자식 때문에 마음이 흔들릴 상황을 없애 버린다는 점에서 나름 합리적인 판단이었어. 생각해 봐. 내가 대통령이야. 그런데 자식이 사업하다 망해서 거지가 됐어. 도와주고 싶어도 대통령 월급으로는 부족해. 이때 어떤 사람이 찾아와서 돈다발을 내미는 거야. "저, 이거 약소하지만 아드님 사업에 보탬이 되면 좋겠습니다." 아니면 대통령 아들에게 직접 찾아가 돈을 건넬 수도 있어. 그런 다음 자신의 '요구'를 들이밀겠지. 부정부패는 이렇게 생기는 거야.

플라톤은 이런 상황을 처음부터 제거하고 싶었어. 사유 재산을 금지하고 부인이나 자식같이 마음을 흔드는 요인을 없애 버리면 통치자가 부정부패에서 자유로울 수 있다는 거야. 이렇게 보면 공산주의나 사회주의와 비슷하다는 생각이 들지만, 이건 어디까지나 통치자에 한정된 이야기야. 생산

플라톤과 《국가》

자, 그러니까 대다수 국민은 사유 재산을 가질 수 있어. 다시 말해 나라를 다스리는 사람들만 재산, 아내, 자식을 가질 수 없다는 거야. 가톨릭 신부님이나 불교의 스님처럼 말이지.

이성적으로 판단해 보자면(그러니까 사람이 로봇이라면) 참 괜찮은 제도야. 하지만 우리는 뼈와 살이 있고 피가 흐르는 사람이잖아? 사람에게는 감정이 있는데, 감정을 배제하고 오로지 국가를 위해서만 살라는 것과 다름없으니 받아들이기가 쉽지 않지.

《국가》를 보면 이런 의심을 거둘 수 없어. 각자의 생각이나 의견, 감정을 배제하고 국가의 발전을 위해 개인은 국가의 '부속'이 되라는 거야. 자유와 개성이 없지만 부강하고 부정부패가 없는 나라가 좋은 나라일까? 아니면 자유와 개성이 보장되지만 가난하고 부정부패가 많은 나라가 좋은 나라일까?

점점 우리가 생각하는 이상 국가와 멀어지는 느낌이지? 그런데 아직 끝나지 않았어.

정치인은 거짓말을 해도 된다

❹번과 ❺번은 묶어서 이야기할게.

"정직은 매우 중요한 가치지. 통치자들이야 나라의 이익을 위해서 거짓말을 할 수 있겠지만 일반 사람들은 거짓말을 해서는 아니 되네."

"우리는 작가를 감독해야 할 것이야. 신과 영웅에 대해서 나쁘게 이야기하는 것을 금해야 하네. 또 신들끼리 전쟁을 일으키고 서로 음모를 꾸미고 싸움질을 하는 것도 이야기해서는 안 되네. 아이들에게는 늘 훌륭함에 관한 이야기를 들려주어야 하네."

플라톤이 통치자에게 거짓말을 허용한 이유는 무엇일까?

플라톤이 《국가》에서 말한 이야기야. 거짓말이 나쁘다는 건 플라톤도 알지만, 통치자는 거짓말을 해도 된다고 해. 이 점은 한번 고민해 봐야 하는데, 플라톤은 나라를 다스리다 보면 지도자가 일반 국민이나 다른 나라에 거짓말을 해야 할 때가 있다고 생각한 거야. 나라를 다스리기 위해서는 착한 거짓말을 해야 할 때도 있고, 국가의 이익을 위해서 거짓말을 해야 할 때도 있다는 것이 플라톤의 주장이지. 물론 거짓말을 하지 않고 투명하게 나라를 다스린다면 정말 좋겠지만, 현실에서는 그러기가 힘들다는 거야. 가슴에 손을 얹고 생각해 봐. 지금까지 거짓말을 한 번도 안 한 사람 있어? 책임 질 게 없는 사람도 스스로를 위해 거짓말을 하는 경우가 많은데, 나라를 다스리기 위해서는 거짓말을 해야 할 상황이 생기지 않겠어?

더 큰 문제는 두 번째야. "아이들에게는 늘 훌륭함에 관한 이야기를 들려주어야 하네."

플라톤은 어른들이 좋다고 인정한 것만 아이들에게 보여 줘야 한다고 주장했어. 얼핏 아무 문제 없어 보이잖아? 그런데 이건 아주 심각한 문제야. 이런 걸 어려운 말로 '검열'이라고 해.

쉽게 표현하자면, 국가나 국가를 다스리는 통치자들이 "이건 좋은 책이니 읽어. 하지만 저건 좋지 않은 책이니 읽지 마!" 이렇게 결정을 내려 주는 거야. 어른들이 좋은 책을 권하는 건 좋아. 그렇지만 권유가 아니라 이건 좋은 책이니 읽고, 이건 나쁜 책이니 읽지 말라고 강제한다면 결국 아이들은 어른들이 권하는 책만 읽게 돼. 이게 쌓이고 쌓이다 보면 나중에는 어른들이 생각하는 대로만 책을 읽게 되고, 어른들이 생각하는 사람으로 자라나게 되지.

이 세상에는 수많은 책이 있고, 책보다 더 많은 생각을 가진 사람들이 있어. 이런 다양한 책과 생각을 접해야지만 자신의 생각을 찾을 수 있지 않겠어? 국가가 정해 주는 책, 올바르다고 인정한 생각만 접한다면 우리는 국가가 정해 놓은 사람밖에 될 수 없어. 어째 점점 더 이상 국가와 멀어지는 것 같지 않아?

시인은 모두 쫓아내라

플라톤이 공화국에서
시인을 추방하려 한
이유는 무엇일까?

마지막으로 ❻번을 이야기해 볼까? 플라톤이 시인을 쫓아내라고 말했다니 믿기지 않지? 그런데 사실이야.

"결국 예술이란 가상의 가상, 그림자의 그림자란 얘기 아닌가? 이렇게 예술은 진리의 세계에서 두 단계나 떨어져 있는 거라네. 알겠나?"

《국가》에 나오는 내용이야. 플라톤이 생각하는 이상 국가에 시인을 위한 자리는 정말로 없는 걸까?

'그림자의 그림자'란 무슨 말일까? 명품 가방을 예로 들어볼게. 외국 유명 업체에서 만든 명품 가방이 있어. 우리나라에서는 그것을 흉내 낸 '짝퉁' 가방을 만들었지. 그런데 어떤 화가가 이 짝퉁 가방을 보고 그림을 그린다면, 이 그림은 뭘까? 명품 가방이라고 말하지만, 명품을 보고 그린 게 아니라 짝퉁을 보고 그린 거잖아? 게다가 그 짝퉁을 따라 그리면 원래의 명품 가방과는 아예 다른 물건을 그리게 된다는 거야.

플라톤은 '이데아'를 기준으로 예술을 멀리했어. 그렇다고 플라톤이 예술을 싫어한 건 아니야. 플라톤은 예술이나 문학에 대해 자신이 생각하는 이상 국가의 기준에 맞는다면 허용하겠다는 입장이었어. 왜 그랬을까? 여기서 우리가 주목해야 할 게 당시 아테네의 상황이야.

그리스에는 호메로스라는 전설적인 작가가 있었어. 《일리아스》와 《오디세이아》로 유명한 작가인데, 그리스 로마 신화를 보면 '트로이 전쟁' 이야기가 많이 나오지? 아마 한 번쯤 들어는 봤을 거야. 이 트로이 전쟁에 관해 쓴 책이 《일리아스》와 《오디세이아》야. 아킬레우스, 헥토르, 파리스 등 수많은 영웅 이야기가 이 책들에 나오지. 고대 그리스인들은 호메로스의 책에 열광했어(지금도 그리스 로마 신화를 보면 재밌잖아? 그 신화의 내용 중 일부를 호메로스가 썼다고 봐도 돼). 그런데 열광만 하면 좋은데, 한 가지 문제가 발생했어.

바로 소피스트야. 앞에서 말했지? 학생들에게 '말발'을 가르쳐 주고 돈을 받던 족집게 과외 선생들. 이 소피스트들이 호메로스를 떠받들며 호메로스의 책을 교재 삼아 아테네 청

호메로스

고대 그리스의 유랑시인이야. 대표작인 《오디세이아》는 트로이 전쟁의 영웅인 오디세우스가 10년간 집으로 돌아가기 위해 벌인 사투를 담은 이야기이며, 《일리아스》는 트로이 전쟁 중 가장 박진감 넘치는 헥토르와 아킬레우스의 싸움을 중심으로 엮은 서사시야. 서사시라고 하니까 몇 줄 안 될 것 같아 보이지만 《일리아스》는 1만 5693행, 《오디세이아》는 1만 2110행으로 어마어마해. 두 권 다 각각 24권으로 이 정도면 장편 판타지 소설급이지. 이 두 작품은 인류 역사에 뚜렷한 발자취를 남겼어.

년들을 가르쳤던 거야. 게다가 페르시아 전쟁에서 승리한 이후 그리스에서는 전쟁 영웅을 주인공으로 한 비장미 넘치는 이야기들이 창작됐어. 그런데 한두 번 만들다 보니 좀 더 자극적이고 신선한 게 필요했고, 점점 정도가 심해졌지. '막장 드라마'가 탄생한 거야. 당시 그리스 시인들은 오늘날의 드라마나 영화 시나리오 작가, 감독과 같은 입장이었어. 이해가 안 간다고? 호메로스가 쓴 《일리아스》와 《오디세이아》도 서사시야. 즉 시인들이 이런 이야기들을 만들어 냈던 거야. 그것도 훨씬 더 자극적으로 말이지.

플라톤은 이런 막장 드라마를 쓰는 나쁜 시인들을 추방해야 아테네 청년들이 건전하게 성장할 수 있다고 생각한 거야. 어때? 플라톤의 주장도 어느 정도 이해는 가지?

여기까지가 플라톤이 《국가》에서 말한 이상 국가의 대략적인 모습이야. 이쯤에서 뭔가 떠오르는 게 없어? 왠지 스파르타의 냄새가 나지 않아? 아이들이 태어나자마자 건강 상태를 확인해서 건강하지 못한 아이는 죽이고, 일곱 살부터 군사 훈련을 시키고, 돈은 쇠막대기고, 빈부 격차를 없애기 위해 공동 식사를 하고, 아내를 젊은 용사에게 양보하고…. 소크라테스와 그의 제자들이 스파르타를 좋아했다는 사실은 앞에서도 설명했지?

지금의 시선으로 보면, 플라톤이 생각하는 '국가'는 어딘

플라톤과 《국가》

지 이상하고 무섭다는 느낌이 들 거야. 그렇지만 국가에 관한 플라톤의 논의는 2500년이 지난 지금까지도 풀리지 않는 숙제처럼 우리 주변을 맴돌고 있어.

플라톤이 생각하는 이상 국가는 엘리트주의를 목표로 했고, 아테네가 추구했던 민주주의는(지금의 민주주의와는 다른 형태지만) 평등주의를 외쳤어. 아테네는 국가를 다스릴 능력이 안 되는 사람들이 평등을 외치면서 투표로 모든 걸 해결하려고 했어. 그 결과 아테네는 몰락의 길을 걸을 수밖에 없었지. 먼 미래를 생각하지 않고, 눈앞에 있는 편안함만 좇았던 거야. 몸이 아프면 약을 먹어야 하는데, 약이 쓰다고 먹

중우정치(衆愚政治)

간단히 말해 올바른 판단력을 상실한 대중이 정치를 한다는 뜻이야. 민주주의의 한계, 모순, 단점을 말할 때 자주 거론되는 단어지. 이 단어가 전 세계에 널리 퍼지도록 공헌한 인물이 플라톤과 아리스토텔레스인데, 둘 다 엘리트 중의 엘리트였어. 당장 아테네만 보더라도 민주주의를 꽃피운 페리클레스가 죽자마자 중우정치로 멸망의 길을 걸었던 걸 보면 그 둘의 주장을 무시할 수만은 없어. 또 다른 예로 히틀러를 들 수 있어. 2차 세계 대전 당시 유대인 600만 명을 학살한 히틀러는 민주주의 체제에서 선거로 뽑힌 인물이었지. 당시 독일 국민은 먹고사는 게 더 중요하다며 히틀러라는 괴물을 대표 자리에 올려놓고 말았어. 그 결과 제2차 세계 대전이 일어났고 독일은 초토화됐어. 사실 오늘날 민주주의 국가라고 주장하는 국가(대한민국 포함) 대부분이 엄밀히 말하면 과두제 국가라고 할 수 있어. 고대 그리스의 아테네 시민들처럼 국가의 주요 사안을 국민이 직접 결정하는 건 아니니까. 예전 봉건 시대처럼 소수의 엘리트 계층이 국가를 지배하고 다스리는 방식은 대체로 변하지 않았어. 🧔

지 않으니 몸은 계속 아프고, 결국에는 죽게 되는 것과 같은 거야. 이런 걸 중우정치라고 불러. 플라톤은 이런 아테네를 보면서 나라를 통치할 만한 사람을 가려내어 철저히 가르친 다음에 나라를 다스리게 해야 한다고 생각한 거야.

자, 그럼 이제 《국가》의 핵심이라 할 수 있는 '이데아'와 '동굴의 비유'를 살펴볼까?

7

이데아

변명부터 할게. '이데아'를 어떻게 설명하면 좋을지 많이 고민했어. 어른들 중에도 이데아란 단어는 알아도 제대로 설명할 수 있는 사람은 드물어. 그만큼 어렵지만 이것만 확실히 안다면 플라톤 철학을 다 깨달았다고 할 수 있을 정도로 중요한 개념이야.

너무 겁준 것 같은데, 의외로 쉬운 이야기일 수도 있어. 우선 그림부터 하나 볼까?

라파엘로가 그린 〈아테네 학당〉이란 그림이야. 이 그림은

라파엘로

우르비노 공국의 궁정 화가였던 아버지의 우월한 유전자를 타고난 그는 10대 초반에 부모를 여의고 페루지아로 건너가 그림을 배웠어. 르네상스 시대에 화가이자 건축가로 명성을 떨치며 수많은 명작을 낳았지. 파격이나 독창성 대신 특유의 온화한 화풍으로 많은 사람에게 고전주의를 완성한 인물로 유명해.

인류의 시작부터 라파엘로가 그림을 그리기 시작한 1509년 까지 역사에 기록된 위대한 사상가, 수학자, 정치가 등 54명 의 인물을 그린 작품이야.

그림 한가운데를 보면 대머리인 사람이 옆구리에 책 한 권을 끼고는 하늘을 향해 삿대질하는 모습이 보일 거야. 그 옆에는 수염이 덥수룩한 사람이 역시 책 한 권을 들고 손바

플라톤과 《국가》

닥을 아래로 펼치고 있지. 이 두 사람이 바로 플라톤과 그의 제자 아리스토텔레스야. 대머리 아저씨가 플라톤, 수염 많은 아저씨가 아리스토텔레스지. (아, 오해할까 봐 말하는데 실제로 플라톤이 대머리라서 저렇게 그린 건 아니야. 라파엘로가 존경하던 레오나르도 다빈치를 모델로 그렸기에 대머리로 표현한 거야.)

이 그림은 플라톤과 아리스토텔레스의 생각 차이와 더불어

아리스토텔레스

이 시리즈의 다음 책에서 본격적으로 다룰 인물이야. 금수저 엄친아로, 소크라테스와 플라톤에 이어 3대 철학자의 대미를 장식하는 인물이지. 플라톤과 함께 2000년 서양철학사에 가장 뚜렷한 족적을 남긴 그는 형이상학, 논리학, 수사학, 정치학, 생물학, 물리학, 동물학 등 당대 거의 모든 '진리'를 탐욕적으로 추구했어. 알렉산드로스 대왕의 선생으로도 유명한데, 그 덕분에 재정을 넉넉히 지원받았다고 해. 아리스토텔레스를 공부하기 위해서는 상당한 각오를 해야 해. 그의 저서는 난해하기로 유명한데, 플라톤의 저서를 읽는 것보다 세제곱 정도 어렵거든. 변명을 하자면, 그의 저서 대부분이 학생들을 가르칠 때 쓰던 강의 노트 묶음이기 때문이야. 즉 2400여 년 전에 전공자들을 가르치려고 준비한 책을 우리가 읽는 셈이지.

레오나르도 다빈치

르네상스 시대에 회화와 조각 등 미술, 건축, 음악, 수학, 공학, 문학, 해부학, 지질학, 천문학, 식물학, 역사학, 지도학을 섭렵하고 이 모든 분야에 유능했던 인물이야. 게다가 키도 컸대.

이데아를 단적으로 설명해 주는 그림이야. 하나씩 살펴볼까?

우선 플라톤이 옆구리에 끼고 있는 책은 그의 또 다른 저서인 《티마이오스》야. 《국가》를 쓰고 몇 년 뒤 쓴 책인데, 세상의 창조와 불변(항상 존재하는 것)에 관한 논의를 담고 있어. 간단히 말해 이데아에 대한 이야기를 담은 책이라고 할 수 있어. 이 책을 옆구리에 낀 플라톤은 하늘을 가리키고 있는데, 이는 영원불변의 진리인 이데아를 지향한다는 의미야.

그럼 그 옆에 있는 아리스토텔레스는? 아리스토텔레스가 스승 플라톤의 가르침이 마음에 들지 않아서 아카데메이아를 떠나 자기만의 학교를 차렸다고 한 얘기 기억나지? 이 그림에 그 내용이 담겨 있어. 아리스토텔레스 역시 자기가 쓴 《윤리학》을 든 채로 땅을 향해 손짓하지. 스승이 하늘의 이상을 말했다면, 제자는 현실을 더 중요시했던 거야. 땅에 발을 붙이고 살아가는 인간을 기준으로 생각했던 거지. 그리고 인간의 삶에서는 윤리와 도덕이 가장 중요하다는 것을 표현하기 위해 자신의 대표작인 《윤리학》을 손에 들고 있는 거야.

어때? 조금 어렵지? 정신 똑바로 차려야 해. 이제부터 본격적으로 어려워지거든.

이데아란?

아리스토텔레스가 '철학의 아버지'라고 말한 철학자가 있어. 바로 탈레스야. 탈레스는 세상의 본질을 '물'이라고 했어. 물이 곧 세상 모든 것의 원료이고, 물이 계속 진화해서 세상 모든 것을 만들었다는 논리야. 중요한 건 그 이후인데, 탈레스가 세상의 본질을 물이라고 선언한 다음부터 서양철학은 '변하는 것'과 '변하지 않는 것'에 대해 고민하기 시작해. 본질에 대한 탐구가 시작된 거야.

세상의 본질을 이해하는 것이 왜 중요할까?

"세상은 무엇으로 만들어진 걸까? 그리고 왜 만들어진 걸까?"

"우리는 어디서 왔는가? 우리는 무엇인가? 우리는 어디로 가는가?"

그리스 철학자들 사이에서는 탈레스처럼 세상의 본질을

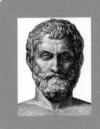

탈레스

현재까지 알려진 고대 그리스 철학자 중 가장 오래된 철학자야. 탈레스 철학의 핵심은 '물'로, 지구는 물 위에 떠 있고, 모든 것이 물로 구성되어 있다고 주장했어.

이데아

연구하는 것이 유행이 됐어. 이때 플라톤과 아리스토텔레스가 등장한 거야.

스승인 플라톤은 본질을 세계 밖에서 찾으려 했고, 제자인 아리스토텔레스는 본질을 세계 안에서 찾으려 했어. 이렇게 말하니 어렵지? 간단히 말해서 플라톤은 우리가 지금 살아 숨 쉬고 있는 세상이 아닌 곳에 완벽한 형태의 원형이 있다고 본 거야. 아, 역시 어렵나?

쉽게 한번 풀어볼게. 게임 좋아하지? 게임(RPG 게임을 기준으로 하자고) 속의 캐릭터는 완벽한 이상형이야. 캐릭터들이 다 멋지고 아름다워. 그런데 그 게임을 하는 현실의 사람들은 어떨까? 뚱뚱한 사람도 있고, 빼빼 마른 사람도 있어. 어떤 게 진짜일까? 우리는 당연히 게임을 하고 있는 사람이 진짜라고 생각하지. 그런데 플라톤은 다르게 생각했어. "현실은 가짜야! 게임이 진짜야!" 하고 외친 거야. 옆에서 게임을 하던 친구가 갑자기 이렇게 외친다고 생각해 봐.

"현실은 모니터 속에 있는 세상의 그림자일 뿐이야! 모니터 안의 세상으로 들어가야 해!"

"영원은 존재해! 게임은 영원히 계속될 거야. 우리는 늙어 가고, 세상에 있는 모든 것은 시간이 지나면 낡고 부서지지만, 게임 속 캐릭터는 영원히 늙지 않아! 그러니까 게임이 진짜 세계야!"

이런 말을 들으면 친구가 게임을 너무 열심히 해서 미쳤다고 생각하겠지? 그런데 재미난 건 2500년 전 플라톤이 이와 비슷한 주장을 했다는 거야.

"현실은 이데아의 그림자야! 그냥 환상일 뿐이라고!"

이데아

요즘 세상에 이렇게 외쳤다면 플라톤은 게임 중독자로 몰렸을지도 몰라. 플라톤으로서는 참 다행스러운 일이지.

여기까지 이해했다면 본격적으로 이데아란 '가상 세계'에 대해 알아볼까? 궁금해할 만한 점을 설명해 줄게.

플라톤의 이데아론 **질문❶** 이데아란 뭔가요?

앞에서 설명한 것처럼 가상 세계야. 플라톤이 머릿속에서 만들어 낸 개념인데, 좋은 말로 하면 '관념 속 세계'이고, 속된 말로 하면 '망상'이지. 물론 플라톤은 이데아가 실제로 존재한다고 주장하지만, 아직 발견한 사람은 없어(눈에 보이지 않으니까). 이렇게 말하면 플라톤에게 좀 미안하지만, 지금 우리 기준으로 보자면 플라톤은 현실 도피자야. 현실의 나는 별로 멋지지도 않고, 시간이 지나면 나이 들거나 병들어 죽어. 그런데 관념 속 캐릭터는 훨씬 멋지고 죽지도 않아. 그러니까 이게 진짜 세계이고, 현실은 이 관념의 세계를 흉내 낸 그림자일 뿐이라는 게 플라톤이 말한 이데아야.

질문❷ 그럼 이데아는 하나인가요?

이 세상에 게임이 하나만 있는 게 아니잖아? RPG

게임도 있고, 슈팅 게임도 있고, 로드 레이싱 게임도 있고…
많잖아? 플라톤에 따르면 세상에 존재하는 무수한 존재(사
람이든 물건이든 동물이든)만큼의 이데아가 있어. 개도 있고,
물도 있고, 침대도 있지!

질문❸ 플라톤은 이데아가 진짜로 있다고 했는데,
　　　 그걸 인간이 어떻게 발견해요?

　　　　플라톤의 주장대로라면 인간은 원래 이데아에 있었
　　　대. 그런데 인간계로 내려올 때 '레테의 강'을 건
넜다는 거야. 그리스 로마 신화에서 레테의 강은 '망각의 강'
으로 불려. 죽은 사람이 이 강물을 한 모금 마시면 과거의
기억이 지워지지. 다시 말해서 인간이 현실 세계로 건너오
면서 이데아 세계에 있던 기억을 모두 잊어버린다는 거야.
그러나 인간은 이성을 가진 존재잖아? 플라톤은 무엇을 인
식하고 배운다는 것은 "다시 기억해 내는 것"이라고 했어.
즉 이데아의 세계에 있었던 기억을 되찾는다는 의미야.
　플라톤이 "육체는 영혼의 감옥"이라고 말한 이유가 여기
에 있어(죽으면 영혼은 원래 세계로 돌아간다고 믿었지). 영혼이
육체에서 벗어나야 우리는 보다 완벽해질 수 있다는 논리
야. 영혼이 육체에서 벗어난다? 죽으라는 소리처럼 들리지
만, 끊임없이 생각하고 깊이 고민하다 보면 도달할 수 있다

이데아

고 해.

질문❹ 결국 플라톤 혼자 상상한 게 이데아잖아요?
이게 그렇게 대단한 건가요?

응, 대단해. 그때까지 철학 좀 한다는 사람들은 세
계의 본질을 '물질'에서 찾으려 했어. 탈레스가 만
물의 본질을 물이라고 했듯이. 그런데 플라톤이 등장해서
이데아란 '가상 세계'를 던진 거야. 충격이었지. 계속 어렵게
이야기했는데, 간단히 정리하면 이래.

"현실은 별 볼 일 없는 환상이야. 여기서 구질구질하게 사
는 거 마음에 안 들어. 그렇지만 어딘가에는 완벽하게 만들
어진 진짜 세계가 있어!"

이게 플라톤이 말한 이데아야. 방구석 폐인의 망상이라고
볼 수도 있겠지만, 2500년이 지난 지금까지도 우리 삶에 영
향을 끼치고 있지.

질문❺ 플라톤도 살려면 먹고 자고 놀았을 거 아니에요?
그런데 현실을 가짜라고 말했다고요?

이데아

플라톤에게 세계는 둘로 나뉘어 있어. 하나는 우리가 눈으로 보고 귀로 듣는 세계, 우리가 살고 있는 현실 세계야(감각의 세계). 이 세계를 아는 데는 감각만 있으면 돼. 눈, 코, 귀 같은 감각기관으로 느끼면 되는 거야. 또 하나는 인간의 이성, 쉽게 말해 뇌로 바라보는 세계야(지성의 세계). 이 세계를 파악하려면 이성이 필요해. 열심히 생각하고, 고민해야 하는 거야.

이처럼 세계가 둘로 나뉘어 있다고 보는 플라톤의 관점을

'이원론적 세계관'이라고 해. 세계는 감각이 바라보는 세계와 이성이 바라보는 세계 둘로 나뉘어 있고, 이 상황에서 철학자는 열심히 머리를 굴려 이데아의 세계를 찾아가야 한다는 거야. 왜? 현실 세계는 가짜고, 머릿속에서 생각해 낸 '이데아 월드'가 진짜라고 생각했으니까.

플라톤도 먹고 자고 놀았지만, 자기가 먹고 자고 놀던 세상은 가짜 세상이고 자기 머릿속에 있는 세상이 진짜라고 생각하면서 산 거야. 게임 폐인, 방구석 폐인이라고 해도 손색없을 정도지.

이제 이데아를 얼추 이해했을 테니《국가》에서 가장 중요한 '동굴의 비유'를 이야기해 볼게. 이데아를 대략 이해했다면 그리 어렵진 않을 거야.

8

동굴의
비유

플라톤 철학의 모든 것을 담아낸 《국가》의 핵심이 바로 7권
에 나와 있는 '동굴의 비유'(또는 '동굴의 우화')야. 《국가》의 다
른 부분을 안 읽었어도 이것 하나만 제대로 안다면 책을 다
읽은 거나 마찬가지야. 어차피 동굴의 비유도 플라톤이 이
데아를 말하기 위해 만든 이야기니까 이데아만 잘 이해하면
큰 어려움 없이 그 내용을 파악할 수 있을 거야. 그럼 한번
읽어 볼까?

"여기에 지하 동굴이 있다. 동굴에는 죄수가 갇혀 있다.
그는 태어나면서부터 지금까지 두 팔과 두 다리가 묶인 채
로 동굴 벽만 보고 산다. 목도 결박당하여 머리를 좌우로도
뒤로도 돌릴 수 없다. 죄수의 등 뒤 위쪽에 횃불이 타오르고
있다. 죄수는 횃불에 비친 자신의 그림자만 보고 산다."

《국가》에서 동굴의 비유가 시작되는 대목이야. 동굴에 죄

수가 갇혀 있는데, 그 신세가 참 가련하지? 팔다리도 부족해서 목까지 묶인 채로 벽만 바라보고 있는 거야. 이 죄수가 누굴까? 바로 우리야. "태어나면서부터 지금까지"란 대목을 눈여겨봐야 해. 우리는 태어나면서부터 지금까지 이 세계가 '현실'이라고 생각하면서 자라 왔어. 잘 생각해 봐. 아버지, 어머니랑 같이 아침 식사를 하고, 학교에 가서 수업을 들어. 점심시간에 친구들과 급식을 먹지. 이게 우리가 사는 세상이야. 이 세상 밖으로 나가 본 적 있니? 이야기를 조금 더 들어 볼까?

우리는 경험한 것만을 믿어야 할까?

"죄수와 횃불 사이에는 무대 높이의 회랑(건물의 중요 부분을 둘러싸고 있는 지붕이 있는 복도)이 동굴을 가로질러 설치되어 있다. 이제 이 회랑 뒤에서 누군가가 인형극을 한다고 상상해 보자. 돌이나 나무로 만든 동물 모형, 사람 모형을 담장 위로 들고 지나가는 것이다. 죄수는 횃불에 투영되는 모형의 그림자만을 볼 뿐 실제 모형을 본 적은 없다."

죄수는 평생 동안 동굴 안에 갇혀 있었기 때문에 그 안에서 본 것을 세상의 전부라고 생각해. 횃불에 비친 그림자, 그리고 이 그림자를 가지고 하는 인형극이 유일하게 본 세상인 거지. 죄수는 이 안에서 그림자로 본 나무나 돌, 동물 모형을 진짜 나무, 진짜 돌, 진짜 동물이라고 믿게 되는 거야. 코끼리가 뭔지 모르는 앞을 볼 수 없는 사람은 자기가 만져 본 코끼리의 몸 일부를 곧 코끼리라고 생각할 거야. 코끼리 코를 만진 사람은 코끼리가 뱀처럼 길다고 생각할 테고, 코끼리 다리를 만져 본 사람은 코끼리를 통나무처럼 원통으로 생각할 테지. 동굴 안의 죄수도 마찬가지야. 태어나서 지금까지 오로지 벽에 비친 그림자로만 세상을 바라봤기에 그걸 세상의 전부라고 믿게 되는 거야.

"이제 죄수의 몸을 묶고 있는 사슬을 풀어 주자. 모형을 죄수에게 보여 주자. 당신이 보아 온 동굴 벽의 이미지는 모

형의 그림자였음을 설명해 주자. 죄수는 악을 쓸 것이다. 평
생 그림자만 보아 온 죄수는 그림자를 실재보다 더 실재적
인 것으로 고집할 것이다.”

　이제부터 이야기가 복잡해져. 평생을 동굴 속에서 그림자
만 보고 살아왔던 죄수에게 갑작스럽게 자유가 주어져. 이
제까지 벽, 그것도 횃불에 비친 그림자만 보고 살아왔던 죄
수에게 “야, 이제까지 네가 본 건 전부 장난감이야. 토끼 있
지? 그거 장난감이거든? 넌 장난감 그림자를 토끼라고 믿어

온 거야"라고 말해 준다면 어떻게 될까?

죄수는 악을 쓰며 아니라고 소리칠 거야. 플라톤의 말처럼 지금껏 그림자를 현실이라고 믿어 온 사람은 진실을 보여 줘도 믿지 않을 거야. 당장 너보고 "이제까지 넌 게임 속에서 살아왔어"라고 한다면 그 말을 믿겠니?

플라톤은 이 대목에서 스승 소크라테스의 가르침을 떠올리게 해.

"캐묻지 않는 삶은 살 가치가 없어!"

비판적 사고가
중요한 이유는
무엇일까?
'회의감'이란 말이 있어. 의심이 드는 느낌이란 뜻이지. 플라톤은 우리가 이제까지 진리라고 믿어 왔던 모든 것에 대해 회의하라고 주장했어. 한마디로 "의심하라! 의심하라! 끊임없이 의심하라!"라는 거야. 사람을 믿지 말라는 뜻이 아니라 지금까지 우리가 당연하다고 믿어 왔던 것들에 의문을 품고 고민해 보라는 거야.

조금 위험한 질문이지만 "왜 학교에 가야 하지?" 하고 스스로에게 물어본 적 있니? 우리는 여덟 살이 되면 초등학교에 들어가야 하고, 초등학교를 졸업하면 중학교에 입학하고, 중학교를 졸업하면 당연히 고등학교에 가야 한다고 알고 있어. 어떤 의문도 의심도 없어. 주변의 친구들이 가니까, 부모님이 가라고 하니까, 선생님도 가라고 하니까 가는 거야.

"당연한 거 아냐? 초등학교 졸업하고 나서 중학교에 안 들어가면 어떻게 살라고? 한국에서 살려면 대학은 나와야 하는데, 학교 안 가면 우리보고 굶어 죽으란 소리냐?"

이렇게 대답할 수도 있겠지만, 그 '당연함'은 어디서 나온 거지? 초등학교만 졸업하면 정말로 굶어 죽는 거야? 만약 굶어 죽는다면, 왜 그렇게 된 걸까? 아니, 그 이전에 네가 학교를 다니는 이유가 '굶어 죽지 않기 위해서'인 거야? 이 질문에 대답할 수 있어? 아마 이 책을 읽는 많은 사람이 움찔하고 말문을 열지 못할 거야.

"왜"라는 한 글자가 가지는 파괴력을 실감할 수 있는 대목이야. 우리가 너무도 당연하게 생각했던 것들, 아니 너무나 당연해서 공기처럼 느껴졌던 우리 생활의 모든 것 중에서 스스로 고민하고 선택한 것이 과연 몇 개나 될까? 동굴 속 죄수처럼 우리는 너무도 당연하게 앞에 놓여 있는 생활이나 현실을 의심 없이 받아들인 거야. 태어나니 한국이고, 눈떠보니 부모님 품 안이야. 나이가 드니 유치원에 가야 했고, 유치원을 졸업하면 당연히 초등학교에 들어가는 삶. 거기에 한 점의 의심도 없었을 거야. 그중에서 자신이 진짜 원해서 선택한 것이 얼마나 될까? 스스로 선택한 것도 아닌데 우리는 왜 이렇게 살아가는 걸까? 어렵게 느껴지겠지만 이 질문에 대답할 수 있다면 우리 인생은 엄청나게 바뀔 거야. 장담해.

동굴의 비유

소크라테스에게서 시작된 이 질문은 플라톤에게서 완성
됐어. 이 '의심'이 바로 철학의 시작이자 깨어 있는 삶(동굴에
서 탈출한 삶)을 살아가기 위한 첫걸음이야.

마저 읽어 볼까?

"이제 죄수의 손목을 잡고 이끌어 동굴 밖으로 이어지는
가파른 통로로 안내해 보자. 햇빛이 찬연히 부서지는 곳으
로 그의 몸을 끄집어 낸 순간, 죄수의 눈은 너무 밝은 광채에

플라톤과 《국가》

아무것도 보지 못할 것이다. 그가 지상의 사물을 분별하려면 상당한 적응 기간이 필요하다."

태어나자마자 동굴 속에서 갇혀 지냈으니 당연히 시력이 약해질 수밖에 없었을 거야. 똑바로 하늘을 바라볼 수도 없겠지. 게다가 손발, 심지어 목까지 묶여 있었으니 몸을 움직이는 것조차 힘들 거야. 이게 뭘 의미할까? 죄수는 '우리'고, 동굴이 '가짜'란 것도 말했지? 이제 이 죄수가 밖으로 나와 진짜 현실을 마주하게 됐어. 그동안 속아 왔던 가짜 현실이 아니라 진짜 현실, 진리를 바라보게 된 거야. 문제는 그간 가짜 현실에 적응해 왔기에 한 번에 뒤엎을 수는 없다는 거야. 그래서 플라톤은 "적응 기간"이 필요하다고 했어. 이 '진짜 현실'을 받아들이기 위해서는 철학적 사유, 즉 모든 문제를 바라볼 때 의심하고 이해하고 긍정하고 부정하고 상상하고… 머리로 할 수 있는 모든 걸 다 동원해서 생각해야 하기 때문이지.

자, 그럼 적응 기간이 끝난 죄수는 어떻게 됐을까?

"동굴의 어둠에만 익숙한 죄수가 볼 수 있는 것은 사물의 그림자다. 한참 뒤 호수에 비친 나무의 영상을 볼 수 있을 것이다. 다음으로 밤하늘의 달과 별을 보게 될 것이다. 이제 한낮의 태양을 볼 차례다. 태양은 사계절과 세월을 만들어

내고 모든 사물을 다스린다. 태양은 모든 사물의 원인이다."

동굴은 지금 우리가 살고 있는 현실 세계고, 동굴 밖은 우리가 추구해야 하는 '이데아의 세계'야. 처음 동굴을 나섰을 때는 그림자만 겨우 보던 죄수가 점점 철학적 사유를 통해 이데아의 세계에 접근하고, 마지막에 가서는 이데아 세계의 모든 걸 볼 수 있게 된다는 말이지. 이처럼 동굴의 비유는 플라톤 철학의 모든 것을 단적으로 설명한 우화라고 보면 돼.

진정한 행복을 어떻게 찾을 수 있을까? 마지막으로 정리해 볼까? 죄수는 철학을 모르는 대부분의 사람들이야. 이들은 그림자로 비유된 편견과 환각에 빠져 있어. 그냥 남들이 하니까 따라 하고, 돈을 벌어야 한다고 하니까 다른 사람들 따라서 돈을 좇아. 이게 우리의 모습이야. 그런데 왜 돈을 벌까? 돈을 버는 이유가 있을 것 아니야? 조금 생각하는 척하다가 '행복해지기 위해서'라고 답할 거야. 그럼 다시 묻는 거지.

"네가 생각하는 행복이 뭔데?"

돈을 많이 벌면 그게 행복일까? 그럼, 돈만 있으면 되는 거야? 물론 돈은 중요해! 그렇지만 그게 행복의 전부는 아니잖아? 100억이 내 앞에 있는데, 난 지금 불치병에 걸려서 일주일 뒤에 죽게 돼 있어. 그런데도 과연 돈이 행복의 조건이 될 수 있을까? 이런 생각 해 본 적 있어?

우리가 너무도 당연하게 여겨 왔던 것들이 사실은 명확한 것이 아니었다는 사실을 확인하는 순간 우리는 어쩔 줄 몰라 하며 이를 부정하게 돼. 뭔가 잘못됐다는 걸 인식하게 되지. 그다음에는 천천히 나무와 별과 달을 보며 자신을 가다듬고, 태양으로 상징되는 최후의 단계에 돌입하게 돼. 한마디로 깨달음을 얻는 거지. 지금 우리가 사는 세상이 가짜라는 것도 깨닫고 말이야. 아, 현실 세계가 '완벽한 관념 속 세

동굴의 비유

계'의 반대편에 있다는 게 아니라 지금 우리가 살고 있는 세상이 우리에게 보여 주고 말하고 강요하는 것이 '가짜'임을 깨닫는다는 얘기야.

앞에서 그림자를 설명할 때 학교 이야기를 했지? 왜 학교에 가야 하는지 생각해 본 적 없지? 그러니까 태어나면서부터 당연하게 느끼고 행동한 모든 것에 의심을 품어 보는 거야. 그럼 그중에서 자신이 정말로 원해서 한 일이 별로 없다는 사실을 확인하게 될 거야.

플라톤의 이데아가 지금 우리에게 묻는 질문은 신해철이 발표한 노랫말처럼 "네가 진짜 원하는 게 뭐야?"일지도 몰라. 지금 이 책을 읽는 여러분이 있을지도 없을지도 모르는 이데아란 가상 세계를 찾아 철학적 고민을 하는 건 바보짓이라고 생각해(그런 건 정말 철학에 뜻이 있는 사람이 하면 돼). 지금 우리가 할 수 있는 가장 확실한 '철학'은 "이걸 왜 해야 하지?" 하고 끊임없이 물음표를 던지는 거야. 그리고 그 안에서 정말 내가 원하는 것이 무엇인지를 찾는 거지.

철학은 끊임없는 물음표에서 시작되는 거야. "왜 해는 동쪽에서 뜰까?", "왜 난 학교를 가야 하지?" 이런 질문을 던지다 보면 "나는 왜 사는 걸까?", "내가 정말 이 세상에서 하고 싶은 게 뭘까?"라는 근원적인 의문을 품게 돼. 그리고 그 답을 찾는 순간 물음표가 느낌표로 바뀌게 되지.

플라톤의 주장처럼 현실 세계가 가짜고, 이데아라는 가상 세계가 진짜라 하더라도 지금 우리가 발붙이고 살고 있는 이 현실 속에서 이데아를 향해 나아가기 위해서는 끊임없이 '왜'라는 질문을 스스로에게 던져야만 해.

자, 스스로에게 질문을 던져 봐.

"나는 어디서 왔는가? 나는 무엇인가? 나는 어디로 가는가?"

9

철인
정치

플라톤이 《국가》에서 이야기한 이상 국가의 핵심은 '철인 정치'야.

"철학자가 왕이 되거나 왕이 철학을 공부해야 한다."

이게 플라톤의 주장이야. 플라톤은 자신의 꿈을 이루기 위해 노력했지만 실현하지는 못했어. 대신 현실에서 이루지 못한 철인 정치의 꿈을 한풀이하듯 《국가》에 쏟아 냈지.

《국가》에 나오는 세 직종 중 플라톤이 가장 많이 이야기하는 것이 '통치자'야. 생산자는 "아, 이런 게 있으니까 그냥 알고만 있어" 이런 수준이랄까? 생산자는 사회가 돌아갈 수 있게 열심히 물건이나 만들고, 사고 치지 말고 조용히 있으라는 게 핵심이야(괜히 그들에게 절제라는 덕목을 강조했겠어?). 플라톤이 진짜 관심을 둔 건 통치자야. 그들의 교육, 생활 방식, 통치 방법 등 통치자를 어떻게 길러내고, 관리하고, 이

들이 어떤 식으로 나라를 다스릴지에 대해 집중적으로 파고
들었어.

플라톤은 국가(정치 체제)를 다섯 가지로 나눴어.

❶ 최선자 정체
❷ 명예 지상 정체
❸ 과두 정체
❹ 민주 정체
❺ 참주 정체

플라톤은 ❶번이 가장 좋은 정치 체제이고, 밑으로 내려 **최선자 정체**
갈수록 나쁜 정치 체제라고 봤어. 민주주의를 끝에서 두 번
째로 좋지 않은 제도로 봤다니 좀 낯설지? 그럼 하나씩 설명
해 볼게.

플라톤은 이데아에 가장 가까운 사람은 평생 이데아를 연
구한 철인(哲人), 즉 철학자라고 생각했어. 당연한 것 아니겠
어? 이데아만 공부했으니 이데아에 대해 가장 잘 알 테고 그
만큼 이데아에 가깝겠지.

플라톤은 통치자를 철학자로 만들고 싶어 했어. 철학자가
왕이 돼야 한다는 자신의 주장을 그대로 옮겨 놓은 거지. 즉
'통치자=철학자'인 거야. 철학자들은 이데아 중 최고라고
할 수 있는 '선(옳음)의 이데아'에 대한 지식이 있고, 이에 바

철인 정치

탕을 둔 정치 기술과 도덕적 자질이 있다는 거야.

앞에서 통치자의 교육에 대해 설명했지? 열 살부터 교육을 시작해 수학, 철학, 실무 교육 등등 쉰다섯 살이 될 때까지 미친 듯이 공부를 시키잖아? 그 생활 방식은 또 어떻고? 개인 재산은 물론, 아내랑 자식도 둘 수 없어. 정치 기술뿐 아니라 도덕적으로도 완벽한 정치인을 만들어 낸 거야.

이렇게 완벽하게 만들어진 철인을 통치자로 두는 체제가 바로 최선자 정체야. 바로 플라톤이 말한 '철인 정치'지. 말은 어렵지만 간단해. 교육을 통해서 철학을 이해하는 훌륭하고 올바른 사람을 뽑아서 나라를 다스리게 하는 거야.

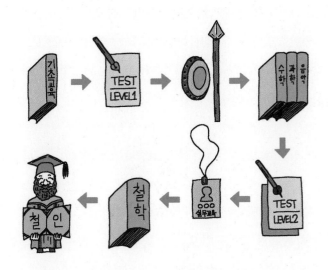

명예 지상 정체　이 최선자 정체 다음으로 좋은 정치가 ❷번 명예 지상 정체야. '명예'란 말이 눈에 띄지? 플라톤에 따르면 이는 최선

자 정체가 타락하면 만들어지는 정치로, 선의 이데아 대신 명예를 우선으로 하는 정치야. 간단히 말해 '스파르타'지. 스파르타 사람들은 일상에서 누리는 모든 욕망을 포기하고 '영예로운 인생'을 살겠다고 선언한 사람들이야. 명예를 중요시하고 전쟁터에서 나라를 위해 죽는 영광스러운 전사가 되는 삶을 좇았지.

스파르타가 어지간히도 소크라테스와 그 제자들에게 영향을 끼쳤다는 게 느껴지지? 사실 플라톤이 말한 철인 정치는 실현이 거의 불가능해. 열 살부터 쉰다섯 살까지 죽어라 공부하라면, 더욱이 재산도 아내도 자식도 포기하고 살라면, 이걸 하려는 사람이 과연 몇이나 될까? 당시 시대 상황에서는 혼란한 아테네보다 명예와 국가에 대한 헌신으로 똘똘 뭉친 스파르타의 모습이 멋져 보일 수도 있었겠지만 지금 기준으로는 사양하고 싶은 마음이야.

철인 정치

　명예 지상 정체가 타락하면 나오는 게 ❸번의 과두 정체
야. 과두 정체는 '돈'을 근간으로 하는 소수의 정치 형태야.
돈 많은 몇몇 사람이 연합해서 정치를 하는 거지.

　그다음이 ❹번의 민주 정체, 바로 민주주의야. 다시 얘기
하지만 아테네의 민주주의는 지금의 민주주의와 달랐어. 당
시 아테네의 민주주의는 실질적인 민주주의라기보다는 "내
맘대로 할 거야!" 하고 떼쓰는 것에 가까웠지. 눈앞의 이익
만 생각하고, 개인의 자유라고 하면서 정말 바보 같은 정치
를 했던 거야. "소크라테스? 아 몰라. 귀찮아. 그냥 사형시
켜." 이런 식이지.

국가 통치에 대한 전문 지식까지 바라는 건 아니지만, 최
소한 성인으로서 가져야 할 기본 상식은 있어야 하는 게 아
닐까? 최소한의 지식도 없는 사람들에게 민주주의라는 이름
으로 투표권을 주고, 이들을 통해 정치를 한다는 건 어쩌면
무모한 행동일지도 몰라. 플라톤은 민주주의란 이름으로 혼
란한 정치를 만든 아테네의 민주주의를 경험한 후 민주주의
에 대해 좋지 않은 감정을 가지게 됐어.

　그럼 최악의 정치는 어떤 형태일까? 바로 ❺번의 참주 정
체야. 민주주의가 악화되면 참주 정치가 되는 건데, 북한을
생각하면 돼. 독재자 한 명이 나라를 통치하는 거야. 국민이
굶어 죽든 얼어 죽든 신경 쓰지 않고 오로지 자신의 권력을
지키기 위해, 자신의 욕망을 채우기 위해서만 움직이는 거야.

그런데 궁금하지 않아? 어째서 민주주의가 악화되면 독재 정치가 나오는 걸까? 플라톤은 《국가》에서 이렇게 말했어.

"극단적인 자유에서 가장 심하고 야만스러운 예속이 조성되어 나올 것이라고 나는 생각하네. … 그런데 대중은 언제나 어떤 한 사람을 앞장세워 이 사람을 보살피고 키워주는 버릇이 있지 않은가? 그러므로 참주가 자라나게 될 때는 (대중의) 선도자 격인 뿌리 이외의 다른 어떤 것에서도 그 싹이 트지 않는다는 것은 명백하네."

플라톤은 대중의 속성, 군중심리를 명확히 파악했어. 일반 국민은 정치 전문가가 아니야. 전문가가 아니니까 정치 상황에 대해 잘 모를 수밖에 없어. 물론 어떤 문제가 있다는 건 알지. 하지만 이게 왜 문제인지, 어떻게 해결할지에 대해서 제대로 된 판단을 내릴 수 없어. "아 몰라. 누가 우리 대신 정치해 줄 사람 없나? 똑똑하고 내 말 잘 들어주는 사람으로…."

이때 등장하는 것이 인기를 찾아 나서는 선동가들이야. 이 선동가가 사람들의 눈과 귀를 가리고 나중에 가서는 독재 정치를 한다는 거야. "절 뽑아 주시면 마당쇠가 되어 여러분이 원하는 모든 걸 다 해 드리겠습니다!" 말은 이렇게 하지만 막상 힘을 얻고 나면 자신의 이익을 위해서만 살아가지.

철인 정치

이 부분은 잘 생각해 봐야 해. 민주주의의 핵심은 국민의 '투표'야. 여기서 염려스러운 점은 개인이 모여 집단을 형성하는 과정에서 개인의 지식수준이나 통찰력이 사라지고 평준화되는 경우야.

"야, 스파르타 애들은 20년 넘게 전투 훈련만 받았대."

"누가 그래? 내가 듣기론 아닌데? 그리고 걔들 머릿수가 얼마 안 돼서 우리 병력 다 몰고 가면 이겨!"

"진짜?"

"자고로 전쟁은 머릿수로 하는 거야. 인해전술 몰라? 물량 앞에 장사 없다."

"병력은 우리가 많으니까 우리가 이기겠네. 그럼, 전쟁할까?"

"그래! 전쟁하자!"

이런 식으로 고민이나 분석 없이 분위기에 휩쓸려 움직이게 되면 민주주의가 아니라 중우정치가 되는 거야. 이성이 아니라 감성에 휘둘려 감정적인 정치가 되는 거지. 그러나 개인이 집단이 되는 과정에서 사람들의 지식이 한데 모여 더 큰 지식이 되는 이른바 '집단지성'을 발휘하게 되면 이야기가 달라지지.

"자고로 전쟁은 머릿수로 하는 거야! 병력은 우리가 많으

플라톤과 《국가》

니 스파르타랑 전쟁하자!"

"스파르타는 태어나면서부터 전사로 만들어진 일당백의 용사들이야. 그런데 전쟁을 하자고?"

"왜? 겁나냐?"

"겁나는 게 아냐. 나도 스파르타와 싸우고 싶어. 그런데 스파르타는 병력 수는 적어도 전쟁의 프로들이야. 눈 뜨면 전쟁 준비하고, 꿈속에서도 칼을 휘두르는 놈들이야."

"그래, 스파르타는 싸움꾼이지만 우리는 제대로 칼 한번 잡아보지 못했잖아. 무조건 전쟁을 하는 것보다 우리가 이길 수 있는 전쟁을 해야 하지 않겠어?"

"스파르타와 전쟁을 하는 건 찬성이야. 그렇지만 굳이 스파르타의 강한 육군과 싸울 필요는 없지 않겠어?"

"그래! 스파르타는 육군은 강하지만 해군은 거의 없다시피 하잖아. 대신 우리는 해군이 강하지. 육군과의 싸움은 슬슬 피하면서 바다에서 상황을 지켜보자. 전쟁이 길어지면 스파르타도 지칠 테고, 그때 스파르타의 뒤통수를 치는 거야."

이게 집단지성이야. 서로의 지식과 경험, 생각을 모두 내놓고 검토하는 거지. 한 사람의 지식은 적지만 여러 사람이 머리를 맞대면 이전에 생각하지 못한 기발한 방법이 나오거나 더 좋은 방향을 찾아 나간다는 거야. 이런 경우 민주주의는 꽃을 피울 수 있어. 앞의 사례처럼 생각하길 멈추고 사람

들이 하자는 대로 휩쓸려 나가면 중우정치가 되어 독재자를
맞이하게 되지만, 집단지성을 발휘해 더 좋은 방법을 찾는
다면 독재 대신 훌륭한 민주주의 국가를 만들 수 있다는 거
야. 지금 우리는 어떤 모습일까?

플라톤은 아테네에서의 나쁜 기억 때문에 대중에 대해 좋
은 평가를 내리지 않았어. 플라톤이 최선의 정치라 생각한
최선자 정체와 최악의 정치라 말한 참주 정체는 한 사람이
통치한다는 점에서는 비슷하지만, 플라톤은 극과 극의 평가
를 내렸지. 최선자 정체는 수십 년간 통치자를 길러내 도덕
적으로 완벽하고, 철학을 통해 정치 기술을 완성한 '준비된
리더'를 중심으로 나라를 다스리는 것이지만, 참주 정치는
오로지 개인의 욕망에 따라 움직이는 정치 체제이기 때문이
야. 플라톤은 《국가》 9권에서 참주 정체를 닮은 사람은 가장
비참한 사람이라고 말했어. 이성이 아닌 욕구로만 움직이는
사람. 그런 사람이 나라를 다스리면, 그게 곧 비참한 독재인
거야.

아테네 민주주의가 보여 준 대중의 어리석음, 참주 정치
의 한계, 스파르타가 보여 준 명예 정치의 부족함을 경험한
플라톤은 철학으로 무장한 '철인'을 길러내 이들을 통해 가
장 완벽한 나라를 만들려고 했던 거야.

지난 정권, 대한민국은 어떤 정치 체제였을 것 같아?

플라톤과 《국가》

대한민국의 대통령은 선출직 공무원일 뿐이야. 국민의 뜻
을 받들지 않고 헌법을 준수하지 않을 땐 탄핵될 수 있지.
만일 플라톤이 촛불 시민의 힘을 경험했다면 대중에 대한
생각이 바뀌지 않았을까?

10 플라톤을 위한 변명

《국가》의 원래 제목이 '국가 혹은 올바름에 대하여'라고 했지? 이 책은 아테네 민주 정치의 혼란을 두 눈으로 지켜본 플라톤이 모든 경험과 지식을 끌어모아 훌륭한 나라를 만드는 방법을 기록한 답안지이자 이상 국가 설계도야.

플라톤은 아테네 민주정치가 중우정치로 변질된 원인을 '지성의 부재'로 봤어. 원래 민주주의란 다수의 의견에 따라 의사를 결정하는 시스템이야. 하지만 잘못된 의견인데도 다수 의견이라는 이유만으로 채택하고 올바른 소수 의견을 무시한다면 그 나라는 망할 수밖에 없어. 이를 막기 위해서는 높은 시민의식과 정치의식이 필요해. 그리고 합리적 판단력도 필요하지. 국민이 이런 지성을 갖춘다면 눈앞의 인기를 위해 지키지도 못할 약속을 남발하는 정치인의 말에 코웃음을 칠 거야.

"여러분 제가 당선되면 군대를 없애서 여러분이 군대에

안 가도 되게 하겠습니다!"

플라톤 시절의 아테네 시민들이라면 박수치며 좋아했겠
지만, 조금이라도 생각이 있는 사람이라면 이게 얼마나 황
당한 소리인지 알고는 그 정치인에게 돌을 던졌을 거야. 당
시로서는 국가를 지키기 위해 가장 중요한 게 군대인데, 군
대를 없애면 나라를 어떻게 지킬 수 있겠어? 당장은 군대를
가지 않으니 좋겠지만, 조금만 지나면 주변의 다른 나라가
쳐들어와 생활 터전을 전부 잃어버릴 수도 있으니 말이야.

플라톤은 이런 지성의 부재를 극복하기 위해 지성의 회복
과 지성의 지배를 말했어. 그 첫걸음으로 플라톤이 내놓은
것이 '올바름'이었지. 《국가》는 끊임없이 올바름(정의)에 대
해 말해.

**우리가 올바름을
추구해야 하는
이유는 무엇일까?**

"올바름이란 무엇일까?"

"올바르게 살아야 행복할까, 아니면 올바르지 않게 살아
도 행복할 수 있을까?"

"올바름이 국가에서는 어떻게 생기는 걸까?"

이런 질문들 끝에 플라톤은 아름다운 나라는 국민 모두
가 싸우지 않고, 한마음 한뜻이 되고, 성향에 따라 구분된 자
신의 직종에 최선을 다하며 사는 나라라고 말했어. 즉 "자기

플라톤을 위한 변명

할 일을 알아서 잘하며 사는 게 올바름이다"라고 결론 내린 거야. 국가가 잘 돌아가게 하기 위해 개인이 부속품처럼 취급받는 느낌이지만, 플라톤의 고민 자체를 무시할 수는 없어. 2500년 전 플라톤 시대는 우리가 생각하는 것 이상으로 혼란스러웠고, 그걸 극복하기 위해서는 상식을 깨는 충격이 필요했던 거야.

그렇게 해서 나온 것이 '철인 정치'야. 열 살에 시작해서 쉰다섯 살까지 가르칠 수 있는 모든 것을 가르치고, 도덕적으로 완벽해지기 위해 사유 재산과 가족마저도 포기하는 통치자를 길러내겠다는 생각. 이론상으로는 완벽해 보이지만, 플라톤의 생각에는 결정적 오류가 있어. 플라톤도 이 사실을 인정했지.

"이런 나라는 세상에 없고 만들어질 수도 없다."

그럼에도 플라톤이 이런 나라를 이야기한 이유는 뭘까? 플라톤은 우리에게 답안지를 보여 준 거야. 답안지를 보고 나면 우리가 푼 시험 문제가 맞았는지 틀렸는지 알 수 있어. 그리고 왜 틀렸는지도 알 수 있지.

"너희는 지금 50점도 안 되는 나라에서 사는 50점짜리 사람이야. 그렇다고 언제까지 50점짜리 나라에서 50점짜리 사람으로 살래? 여기 답안지를 보여 줄 테니까 노력해서 70점까지라도 끌어올려 봐."

플라톤은 완벽한 나라와 더없이 훌륭한 사람의 '모델'을 보여 주고는, 이런 모델처럼 될 수는 없겠지만 최대한 노력해 보라고 한 거야. 어쩌면 이데아는 절대 도달할 수 없는 '100점의 세계'라고 할 수 있어. 우리는 100점을 맞을 수는 없지만 노력해서 70점을 맞았다면 그걸로 성공했다고 할 수 있어. 우리가 뭘 잘못했는지 알고, 그 잘못을 고치기 위해 노력하는 것. 그 자체만으로도 우리의 삶은 '올바름'으로 향한다고 할 수 있겠지.

2500년 전 플라톤은 조국 아테네의 혼란을 가슴 아프게 바라봐야 했어. 사랑하는 조국이 정치의 혼란으로 스파르타에 점령당하는 모습을 봐야 했고, 혹시나 하는 희망을 품은 30인 참주 정치가 실패로 끝나는 상황도 봐야 했어. 결정적으로 자신이 가슴 뛰도록 사랑한 스승 소크라테스가 무지한 아테네 시민들 손에 죽는 현실도 봐야 했지. 이 모든 슬픔을 담아 내놓은 작품이 《국가》야.

플라톤이 입에 침이 마르도록 떠든 이데아도, 지금의 시각으로는 도저히 이해하기 힘든 통치자들의 부인 공유도, 가혹하리만큼 철저한 통치자 교육 방법도, 실현 불가능할 것처럼 보이는 철인 정치도, 따지고 보면 플라톤이 우리에

게 보여 주기 위한 '모범 답안'이었다는 사실을 알아야 해. 절대 풀 수 없는 문제에 관한 일종의 답안지인 셈이지.

플라톤이 2500년 전에 보여 준 답안지를 봤더라도 오늘날 우리 삶의 문제를 완벽하게 풀 수는 없어. 이는 과거의 조상도, 현재를 살고 있는 우리도, 미래를 살아갈 후손도 풀 수 없는 문제야. 인생은 복잡하고 인간은 나약해. 그렇지만 이 문제의 힌트는 있어. 바로 소크라테스가 한 말이지.

"캐묻지 않는 삶은 살 가치가 없어!"

당연하다고 생각하는 것, 앞에 놓인 수많은 문제에 '왜'라는 질문을 던져 봐. 물음표가 느낌표가 될 때까지 스스로에게 계속해서 질문을 던져 봐. 그러면 어느 순간 문제는 자연스럽게 풀릴 것이고, 이렇게 질문과 해답을 찾아가는 과정을 반복하다 보면 어느새 우리는 플라톤이 말한 '철인'이 돼 있을 거야.

플라톤을 위한 변명

플라톤이 《국가》를 쓰면서 가장 공을 들인 부분은 소크라테스와 플라톤의 '과거'다. 한 사람의 철학은 그 사람이 지나온 삶에서 뿌리를 찾게 되는 경우가 많다. 그런 의미에서 '아픈 철학'은 아픈 시대, 절박한 상황에서 싹을 틔운다고 봐도 무방하다.

플라톤이 《국가》를 쓴 이유도 그의 과거와 그의 스승인 소크라테스의 행적에서 찾을 수 있다. 만약 아테네 민주정이 올바르게 정착됐고, 소크라테스와 플라톤의 인생에 질곡이 없었다면 소크라테스와 플라톤이 지금까지 기억됐을까? 그럴 확률은 거의 없을 것이다.

시대가 철학을 만든다.

그런 의미에서 플라톤의 제자인 아리스토텔레스는 어떤 삶을 살았을까? 그의 삶은 스승의 삶과 닮은 듯 다르다. 똑같은 금수저 출신이지만, 인생 행로를 보자면 오히려 아리스토텔레스의 삶이 나아 보인다. 그 마지막은 비참했지만, 그는 스승 플라톤이 꿈꾸던 '철학하는 왕'을 맛이라도 보지 않았던가?

고백하건데, '고전으로 만나는 진짜 세상' 시리즈의 다음 책인 아리스토텔레스의 《니코마코스 윤리학》을 준비하면서 얼마나 후회했는지 모른다. 플라톤의 《국가》는 양반이란 소리가 절로 나왔다.

어쩌면 당연할지도 모른다. 아리스토텔레스가 남긴 저작의 대부분은 '강의 노트'이기 때문이다. 당대의 석학인 아리스토텔레스의 제자들이라면 그 수준이 어떠했을까? 게다가 '책'으로 묶어 놓기 위해 일관된 주제를 가지고 적은 게 아니라 그때그때 강의를 위해 준비한 책을 본다는 건 그야말로 고역이었다. 《국가》의 난도가 1이라면, 《니코마코스 윤리학》의 난도는 10이라고 해야 할까?

하지만 아무리 어렵더라도 결국은 '철학' 아닌가? 철학은 사람이 살아가는 방법을 어렵게 쓴 것일 뿐이다. 그런 의미에서 《국가》는 우리가 믿고 있는 세상에 대해 '왜'라는 의문을 던지는 철학의 시작과도 같은 책이었다. '왜'라는 질문이 있기에 철학이 시작되고, 삶에 대한 고민을 할 수 있다.

'왜' 다음의 철학이 바로《니코마코스 윤리학》이다. 이 책의 핵심 주제는 '행복'이다.

우리가 인생을 살아가는 이유가 뭘까? 속된 표현으로 잘 먹고 잘 살기 위해서라고 말하는 사람들이 있다. 이 말의 핵심도 결국 '행복'이다. 행복하기 위해서 우리는 과연 어떻게 해야 할까?

《니코마코스 윤리학》은 우리가 어떻게 살아야 행복한지를 알려 주는 책이다. 인생에 대한 의문 다음에 인생의 목적인 '행복'을 말한다. 나름 적절한 배치가 아닐까?

플라톤의 제자 아리스토텔레스가 어떤 식으로 인생을 말하는지 다음 책을 기대해 주기 바란다.